大国的兴衰之道

The way of the Rise and Fall of the Great Powers

蒋 铁 刚 著

本书由美国 Asian Culture Press LLC 出版

Published by Asian Culture Press LLC

1942 Broadway, Suite 314C,

Boulder, CO 80302,

United States

Cover design by Guangling Chen

Layout design by Yumei Zhang

Published in the United States of America

First paperback edition October 2022

本书2022年10月在美国第一次出版

蒋铁刚（1968.8—2022.4），北京独立学者，笔名塞疆、野夫。1968 年 8 月生于河北省阜城县，1986.9—1990.6 就读于武汉工学院电子工程系应用电子技术专业，1992.9-1995.6 就读于北京农业大学经管学院的农业经济及管理专业。之后供职于《中国改革》和《战略与管理》杂志社，长期关注中国中长期发展的战略问题，从 2013.10—2022.4 编写周刊《高端看点》共 597 期，著有《阻力——影响中国社会经济发展的重大问题》《给中国老板的第一份内参》《我们这个时代的人》《复兴大业——对中国二十一世纪的建言》《大国的兴衰之道》《国有企业的特性和改革》《中国国富论》《天地翻覆静悄悄——中国经济体制改革简史》等。

谨以此书，献给我的父亲母亲，献给我的所有家人

【前言】
破解中西大分流的奥秘

西方世界何以兴起，中华帝国何以衰落，中西大分流的奥秘究竟在哪里？鸦片战争以来，一代又一代的无数仁人志士，都在试图求解这个问题的答案，以期找到中华民族复兴的康庄大道。如今，历史的接力棒又交到了我们这一代人手里，重新思考这个宏大的课题，自然责无旁贷。

从中西对比的视角出发，探究大国的兴衰之道，就是力求穿透纷繁复杂的表象，超越一朝一国的局限，站在大历史的高度，把中西大分流的深层次道理，清楚明白地呈现出来。

中西大分流，集中地表现为科学技术水平的分流。科学技术的发展，取决于两个方面：一个方面是供给，也就是社会上有能够进行科学技术发明的聪明人；另一个方面是需求，也就是社会上有对科学技术发明的渴望。两相比较，需求的作用远大于供给，借用恩格斯的话说，"社会一旦有技术上的需要，这种需要就会比十所大学更能把科学推向前进"。

西方中世纪科学技术的发展，供给方面受到基督教信仰的束缚，"人类一思考，上帝就发笑"，严重地制约了人们的创新能力；需求方面受到封建制度的束缚，资本主义工商业迟迟发展不起来，人们的创新派不上多大用场。而中华帝国科学技术的发展，虽然长期受到"重农抑商"传统的负面影响，但由于具有"大一统"体制的优势，来自需求方面的束缚比西方要轻一些；至于来自供给方面的束缚，则是基本上不存在，因为儒家文化作为中华传统文化的主流，不是宗教信仰，而是世俗信仰，影响不到人们的创新能力。正是源于供需两方面——尤其是供给方面的优势，中华帝国的科学技术水平得以长期领先。当然，由于供给方面的作用有限，中华帝国的科学技术发展缓慢，领先西方的程度并不算大。

然而，西方从中世纪后期开始，伴随着文艺复兴、宗教改革和启蒙运动的开展，"人进神退"步步深入，人们的思想不断得到解放，科学技术的发展逐渐摆脱了供给方面的束缚；与此同时，在王权和资产阶级结盟的作用下，封建制度的堡垒被一个个冲破，加之国际市场的不断拓展和营商环境的慢慢完善，资本主义工商业日益壮大，科学技术的发展逐渐摆脱了需求方面的束缚。由此，西方供给、需求两个方面的束缚都逐渐解除了，而中华帝国需求方面的束缚依旧。正是源于需求方面的优势，西方的科学技术水平得以后来居上。不仅如此，由于需求方面的作用巨大，西方的科学技术发展迅速，把中华帝国远远地抛在了后面。

中西大分流的奥秘，就是西方和中华帝国对科学技术发展的需求强度不同。再往深处说，就是西方和中华帝国的社会制度不同，西方开始实行资本主义制度，资本主义工商业的不断发展，迫切需要先进的科学技术；而中华帝国依旧实行封建制度，资本主义工商业的发展依旧受到抑制，缺乏科学技术进步的丰厚土壤。

马克思和恩格斯在《共产党宣言》中说："资产阶级在

它的不到一百年的阶级统治中所创造的生产力，比过去一切世代创造的全部生产力还要多，还要大。"这句话说出了资本主义制度的成功之处，也说出了封建制度的失败之处，是对中西大分流奥秘的经典概括。

本书下面的正文，就是通过西方世界的兴起、中华帝国的衰落和复兴中华的探索这三部分内容，将中西大分流的细节一一展开，借以探究大国的兴衰之道。

2021 年 8 月于北京兰亭

CONTENTS 目录

中篇
中华帝国的衰落

下篇

复兴中华的探索

上篇
西方世界的兴起

大 国 的 兴 衰 之 道

西方世界能够后来居上，赶超中华帝国，就是
因为发生了工业革命。而工业革命的发生并非偶然，
在此之前，有一连串的历史性事件做铺垫，包括文
艺复兴、宗教改革和启蒙运动等思想解放运动的冲
击，以及反封建、大航海和走向共和等政治经济大

潮的洗礼。在这个过程中，西欧不同的国家轮番领衔，令人眼花缭乱。

从资本主义发展的角度来看，文艺复兴就是为赚钱正名，宗教改革就是培育赚钱伦理，启蒙运动就是排除科技进步的理性障碍，反封建就是统一国内市场，大航海就是开拓国际市场，走向共和就是优化营商环境。所有这一切，最终修成的正果便是工业革命，或者说赚钱革命。

第一章　黑暗时代

西欧历史上的封建社会时代，从 476 年西罗马帝国灭亡，到 1640 年英国资产阶级革命爆发，被人们习惯性地称为中世纪，也就是处于古代和近代中间的那些世纪。中世纪并不是一个单纯的时间概念，而是带有比较强的贬义色彩，通常被人们视为迥异于光明古代和光明近代的"黑暗时代"。

将中世纪的中前期称为黑暗时代，应该说并不冤枉，主要表现在封建制、政教不分、思想禁锢和抑商等方面。

封建制

西罗马帝国灭亡后，作为征服者的日耳曼人，在广袤的西欧大地上，建立起许多大小不等的蛮族王国。这些王国在政治上，实行封建等级制度。所谓"封"，就是划分领地；所谓"建"，就是指定领主。具体地说，就是国王先给自己留下一份自留地，再把剩余的土地划分成一块块的领地，分配给一个个的大领主；大领主把从国王那里分得的土地，也是先给自己留下一份自留地，再把剩余的土地划分成一块块的领地，分配给一个个的小领主；小领主把从大领主那里分得的土地，也是先给自己留下一份自留地，再把剩余的土地划分成一块块的领地，分配给一个个更小的领主。以此类推，一级一级地往下封，最终就形成了金字塔般的封建等级制度。这些大小领主，便是中世纪西欧国家的贵族。

在这个封建等级制度中，上下级之间存在权利义务关系。具体地说，就是上级要保护下级，让下级在自己的领地上，享有处理事务的全部权力；下级要效忠上级，特别是在战争发生时，要帮助上级打仗。

领主管理领地的方式，是把领地划分成许多庄园。庄园的规模有大有小，一般由一个村庄或几个村庄组成。庄园在经济上的特征是"小而全"，以农业为主，手工业和服务业为辅。人们日常的生产生活所需，庄园内部基本上都可以提供，属于自给自足的封闭组织。

庄园的农业用地，通常分为两部分：一部分是领主直接经营；另一部分是分成若干小块，交给各位农奴经营。农奴耕种领主的土地，作为回报，要向领主缴纳地租。地租的形态有三种：第一种是劳役地租，也就是农奴要去领主直接经营的土地上干活；第二种是实物地租，也就是农奴要给领主各种实物，如家禽、鸡蛋、麦酒和水果等；第三种是货币地租，也就是农奴要给领主交钱。

农奴与奴隶不同，奴隶是会说话的工具，而农奴是失去自由的人。农奴对领主有人身依附关系，如果不经领主同意，农奴是不能擅自离开庄园的。领主虽然把农奴管起来了，但同时也把农奴养起来了。如果农奴离开了庄园，不仅难以找到栖身之地，甚至连生存都会成为问题。

有人也许会问：农奴离开庄园后，去城市谋生不就行了吗？问题是在中世纪的中前期，西欧国家几乎没有城市。由于不同领主间长年不断的战乱，不但新的城市发展不起来，就是原来西罗马帝国的城市也大都被摧毁了，即便没被摧毁也变得没落了，已经与农村没多大区别。像西罗马帝国的首都罗马，在经历多次战乱的洗劫之后，昔日繁华的景象不再，变得杂草丛生、垃圾遍地，甚至空地上都种起了庄稼。只是到了十世纪以后，随着工商业的日益繁荣，因市而城，城市才逐渐恢复和发展起来。农奴在这个时候，通过逃跑或赎买等途径，摆脱对领主的人身依附关系，从农村到城市来工作和生活，就基本不成问题了。农奴大都向往城市，德国有一句话说得好，"城市的空气使人自由"。

政教不分

人们有时说，中世纪的西欧社会是政教合一。这种说法并不恰当，更为恰当的说法应该是政教不分。因为世俗权力和教会权力，大体上还是两套并立的系统，只是相互间扯不清关系，世俗权力总是掺和教会的事，教会权力总是掺和世俗的事，真可谓剪不断、理还乱。

世俗权力的顶端是皇帝，教会权力的顶端是教皇，两者的地位孰高孰低，首先就说不清楚。西罗马帝国灭亡后，在日耳曼人建立的许多蛮族王国中，要数作为日耳曼人一支的法兰克人，建立的法兰克王国，实力最强。799 年，罗马教皇利奥三世，因故被罗马贵族囚禁。800 年，法兰克王国国王查理，率军抵达罗马，用武力协助利奥三世复位。为了报答查理，利奥三世随后为他加冕，并称他为"罗马人的皇帝"。这样，在西罗马帝国灭亡三百多年后，又出现了一个名为"罗马人"，实则为法兰克人的帝国，即查理曼帝国。

在这里，有一个颇具争议的问题：一方面，利奥三世把一顶皇冠戴在查理的头上，当众宣布查理为皇帝，说明教皇的权力似乎在皇帝之上；另一方面，在利奥三世完成这些动作之后，又向查理鞠躬致敬，说明皇帝的权力似乎在教皇之上。其实，对于利奥三世和查理而言，争议谁的权力更大，没有什么意义，只要两个人能够合作就行了。此前的 796 年，查理在写给利奥三世的信中，就对两个人的职责，作出了明确的分工："我的天职是用武力保卫教会，使它不受异教徒的攻击蹂躏，在教会内部确保教会的纯正信仰。而神圣的教父，你的职责则是用祈祷支持我的武力。"

皇帝和教皇合作的时候，固然可以相安无事，但当发生矛盾起纷争的时候，究竟谁的权力更大，就确实是个事了。

1073 年，教皇格里高利七世即位。这位铁腕教皇认为，教会是上帝创造的，而教皇作为教会的最高领导人，是代表上帝对人间进行统治。因此，所有的教俗人员，包括皇帝、国王这样的世俗君主在内，都必须服从教皇的统治。

1075 年，格里高利七世发布《教皇敕令》，宣称"唯有教皇一人具有任免主教的权力"；"唯有教皇一人有权制定新法律"; "一切君主应亲吻教皇的脚"; "教皇有权废黜皇帝"; "教皇有权解除人民对邪恶统治者效忠的誓约"。不仅如此,《教皇敕令》甚至还宣称"罗马教会从未犯过错误,也永远不会犯错误"; "凡不与罗马教会和谐的不得视为基督徒"; "教皇可以命令臣民控告他们的统治者"; "教皇永不受审判",等等。

格里高利七世的强硬做派,终于在主教任命问题上,引发了与神圣罗马帝国皇帝亨利四世的激烈冲突。格里高利七世警告亨利四世,不要干预主教的任命,否则就将开除他的教籍,进而废黜他的皇位。亨利四世不听警告,坚持自己拥有主教任命权。于是,格里高利七世将警告付诸行动,真地开除了亨利四世的教籍。亨利四世没能争取到贵族们的支持,眼看皇位即将不保,只得亲赴意大利,向格里高利七世当面请罪。据说,亨利四世一身平民装扮,在冰天雪地里，赤脚站立了两三天，才终于获得格里高利七世的原谅，得以恢复教籍，进而保住皇位。

1198 年至 1216 年间在位的英诺森三世，是继格里高利七世之后的又一位铁腕教皇。他宣称："宇宙的创造者在天空中安放了两大发光体：光度较大的一个管白昼，光度较小的一个管黑夜。在以天上之城见称的普世性教会的天空中同样如此，他设立了两大尊位：较大的那个主管灵魂，较次的那个主管肉体。这二者就是教皇的权力和君主的权力。不仅如此，月亮从太阳得到光亮，且在事实上，无论从它的大小和质地、位置和能量上均次于太阳。同样，君主的权力从教皇的权力而取得威望，因此，他愈逼近那个权力的光圈，自身所显出的亮度就愈小；反之，愈是退避一些，亮度就愈增加。"这段将教皇的权力凌驾于君主的权力之上的形象论述，就是人们所说的"日月论"。

英诺森三世在位期间，利用娴熟的政治手腕，拉拢一方打击另一方，把神圣罗马帝国皇帝的废立，玩弄于股掌之间，从而使罗马教会的权力达到了历史上的巅峰。

当然，在与君主的争斗中，教皇也不是每一次都能占上风。与格里高利七世、英诺森三世一样，从 1294 年起担任教皇的卜尼法斯八世，也是个强硬的教权至上论者。不过，他这一次遇到了真正的对手——法国国王腓力四世。两人经过多年的较量后，矛盾开始激化。卜尼法斯八世谴责腓力四世，在对待教会的问题上犯有许多罪行，宣布要将腓力四世开除教籍。腓力四世不甘示弱，召集由教士、贵族和市民组成的三级会议，成功地争取到社会各界的支持。三级会议控告卜尼法斯八世犯有许多罪行，决定以国王的名义，在法国召开宗教会议，审判卜尼法斯八世。随后，腓力四世派人进入意大利，联合意大利的反教皇势力，将卜尼法斯八世拘捕，大加嘲讽和羞辱，准备带回法国审判。虽然后来卜尼法斯八世重获自由，但经过这一番惊吓和折腾，很快就抑郁而终了。

紧接着，腓力四世推举法国波尔多大主教继任教皇，这就是克雷芒五世，1305 年至 1314 年间在位。1309 年，腓力四世又胁迫教廷，从罗马迁到法国的阿维农，从而开启了罗马教会史上长达七十年的"阿维农之囚"时期。"阿维农之囚"是罗马教会在中世纪遭受的最沉重的打击，在教廷迁居阿维农期间，七任教皇全是法国人，他们完全秉承法国国王的旨意行事，成了法国国王的"御用教皇"。

世俗权力和教会权力之间的纷争，不只是发生在君主和教皇之间，而且也发生在君主下面的各级领主，和教皇下面的各级主教之间。因为他们职能重叠的地方，实在是太多了，比如征税权，世俗权力和教会权力都包括这一项，当世俗权力部门要向教士征税时，很容易引发矛盾；再如司法权，世俗权力和教会权力也都包括这一项，当世俗权力部门要审判教士时，也很容易引发矛盾。

中世纪的西欧领地林立，不同领主间动辄打仗，本来就够乱的了。再加上世俗权力和教会权力之间的纷争，那就是乱上添乱了。

思想禁锢

征服西罗马帝国的日耳曼人被称为蛮族，建立的王国被称为蛮族王国，究其原因，就是他们的文化发展程度和水平，与西罗马帝国完全不可比。日耳曼人基本上都是文盲，哪怕国王和贵族，也是如此。所以，虽然他们是征服者，但却皈依了被征服者的国教——基督教。

中世纪西欧国家的人们相信，"世界上只有一个上帝、一个基督、一个教会"。这个教会就是罗马教会，充当上帝和人之间的中介。作为上帝的代表，教会认为神的地位至高无上，人的地位微不足道，因此，大力宣扬禁欲主义和蒙昧主义。

所谓禁欲主义，就是"存天理，灭人欲"。也就是要求人们奉行教会灌输的基督教的那些道理，灭掉与那些道理不一致的欲望。因为那些欲望会让人们分心，干扰和影响人们对基督教的信仰，只有灭掉，才能确保人们信仰的虔诚。禁欲主义推崇的生活是，"脱离俗世，专心致志地独居苦修，沉思默想地祈祷"。只有这样，才算是把自己奉献给了上帝，实现了自己的人生价值。

所谓蒙昧主义，就是愚民，或者说反智。教会对蒙昧主义的推崇，早在古罗马时期便开始了。古罗马的神学家奥古斯丁就说，"有些东西必须在相信上帝之前被理解；但是，对上帝的信仰帮助一个人理解得更多。"实际上，甭管理解不理解，关键是要相信。正如古罗马的另一位神学家德尔图良，用耶稣死而复活的故事举例时所言："上帝的儿子死了，正因为这是不合理的，所以才是可信的；他死而复活了，正因为这是不可能的，所以是完全肯定的。"他的这段反常的推理，后来被简单地概括为"因为荒谬，所以相信"。中世纪的蒙昧主义，就是继承了古罗马的这种传统。与禁欲主义一样，蒙昧主义也是为了确保人们信仰的虔诚，用教皇格里高利一世的话说，"不学无术是信仰虔诚之母"。

这里的问题是，人都是有脑子的，有脑子就会思考问题，这是再自然不过的事情。那么，怎样才能避免人们不胡思乱想，不把脑子用错地方呢？教会的办法就是把人们的思考，引导到基督教能够包容的问题上去。比如，用繁琐的形式逻辑，去论证上帝为什么存在；天堂里的玫瑰花有没有刺，因为有刺会伤到人；上帝造人时，有没有为亚当和夏娃留肚脐眼，等等。

然而，教会就是再怎么努力引导，也还是会冒出来一些异端，不是教会说什么就是什么，教会让做什么就做什么。对于这些人，教会的办法就是设立宗教裁判所，进行无情地压制和打击，甚至施以酷刑，直接剥夺他们的生命。因为在教会看来，异端是故意与上帝作对，罪不可赦，仅仅用开除教籍的"精神之剑"惩治是不行的，还必须要对他们的肉体使用"铁剑"。据粗略统计，在宗教裁判所存在的数百年间，遭受其迫害的异端达三十万之众，其中被处以火刑的就有十余万人。

人们信仰的虔诚，如果换一个角度说，就是教会对人们思想的禁锢。教会宣扬禁欲主义，但其自身却不禁欲，不仅想当思想上的领导，而且还想当政治上的领导；教会宣扬蒙昧主义，但其自身却不蒙昧，教士是当时社会上最有文化的一个群体。中世纪的教会，可谓要地有地，要钱有钱，要权力有权力，要知识有知识，这都要拜教会对人们洗脑成功所赐。也就是以上帝之名，行扩张教会利益之实。

抑　商

虽然中世纪的罗马教会，大力宣扬禁欲主义，但人们的欲望与生俱来，况且人类社会的存在和发展，也离不开人们的欲望。所以，在现实生活中，人们做不到禁欲，只能做到节欲。而节欲最为重要的表现，就是抑商。

教会抑商的传统根深蒂固，因为基督教从创立之日起，就把贫穷视为一种美德，把富裕视为一种罪恶。由此，以赚钱为天职的商业，就成了一个卑贱的职业；商人也成了社会地位低下的一群人，不但现世遭受道德上的谴责，而且来世还很可能下地狱。据《圣经·马可福音》记载，耶稣曾对他的门徒说："倚靠钱财的人进上帝的国，是何等的难哪。骆驼穿过针眼，比财主进上帝的国还容易呢。"

这里的问题是，甭管教会怎么贬低赚钱，恐怕谁都无法否认，钱确实是个好东西。有钱就能办成事，想要什么都能得到；没钱就办不成事，想要什么也得不到。如此一来，就把人的内心搞得很纠结。借用西方的一句俗话说，"吃好睡好，两者择一"，也就是吃得舒服、睡得安稳不可兼得。既然商人选择了吃得舒服，那就别想睡得安稳了。

比利时历史学家亨利·皮朗，在《中世纪欧洲经济社会史》一书中指出："教会阻止商人去安然自得地发财致富，并且使商业经营与宗教教规不能调和。要证明这一点，只需读一读很多银行家和投机家的遗嘱，他们在遗嘱中说明应对那些曾受他们欺骗的穷人进行赔偿并把一部分产业捐赠给教会，这些人在内心中总认为他们的财产是非法得来的。如果他们未能克制自己而犯了罪，至少他们的信仰是没有动摇的。他们希望依靠这种信仰可以使他们在最后审判日得到赦免。"

在中世纪的西欧国家，不但教会抑商，而且领主也抑商。领主抑商包括两个方面：一个方面是，对自己领地内的商人，进行盘剥。虽然庄园属于自给自足的封闭组织，但仍然有一些东西，庄园内部不可能提供，比如人们日常生活必备的食盐，因为总不能要求每个庄园，都有自己的盐场。更为重要的是，领主打仗所需要的精良武器，以及像首饰、丝绸、名酒这样贵重的奢侈品，只能靠商人提供。所以，领主愿意在自己的领地内，专门腾出几块地方来，供商人使用，并负责维护市场秩序。作为回报，商人要向领主缴纳各种税费。领主和商人看似各得其所，实则很容易发生矛盾，因为税费的征收，没有什么铁定的规矩，收着收着就变成横征暴敛了，搞得商人怨声载道。

另一个方面是，对其他领地的商人，进行盘剥。这主要是指其他领地的商人，在经过自己的领地时，要留下买路钱。有些商人经商，像长途贩运之类，不可能局限在一个领地，而是要在不同的领地间穿梭。如此一来，事情就变得麻烦了，因为不同的领地，由不同的领主说了算，连度量衡和货币都不一样。尤其让人诟病的是，领主滥设关卡，巧立名目收税，像在一些地方，除按货物种类征收通行税之外，过桥还要收"桥税"，过河还要收"摆渡税"，船只靠岸还要收"停泊税"，等等。当中有些领主，做得更加过分，竟然鼓励人们拦路抢劫，并将自己居住的城堡，作为劫匪逃避法律制裁和储藏赃物的场所。

第二章　文艺复兴

探究西方世界的兴起之道，首先要从人们思想上的变化开始。正如英国经济学家凯恩斯所言："与思想的逐渐侵蚀相比，既得利益的力量被过分夸大了。或早或晚或好或坏，危险的不是既得利益，而是思想。"

但是，思想并不是从天上掉下来的。如果说旧思想是与一部分人的既得利益有关的话，那新思想就是与另一部分人的未得利益有关。毛泽东说过，"凡是要推翻一个政权，总要先造成舆论，总要先搞意识形态方面的工作。"这个道理对西欧国家的资产阶级同样适用。如果说西欧国家进入中世纪，意味着黑暗时代到来的话，那文艺复兴运动无疑就是划破中世纪黑暗的夜空，点亮西欧国家的第一盏明灯。

重心不在文艺

文艺复兴运动是十四至十六世纪，在西欧大地上发生的复兴古希腊、古罗马文化的运动。这场运动从意大利发端，后来蔓延至其他西欧国家，以雷霆万钧之势，唤醒了在基督教的催眠下，沉睡得太久的广大民众。

文艺复兴不是古希腊、古罗马文化的再现，而是古希腊、古罗马文化，在基督教框架下的再生，依然是戴着镣铐跳舞。换一种表述，将这个过程落实到人身上，文艺复兴就是人性的复苏，只不过这种人性，依然是建立在神性的基础之上。具体地说，过去主张要神本位、以神为本，现在主张也要人本位、以人为本；过去主张要把人当作神的附属物，现在主张也要把人当人；过去主张要为神活，现在主张也要为人活；过去主张"存天理，灭人欲"，现在主张人欲也是天理。总而言之一句话，在"人进神退"方面，文艺复兴只是迈出了第一步，当然也是至关重要的一步，人开始具有独立人格了。

但即便如此，文艺复兴已足以让死寂的西欧大地，重新焕发出勃勃生机。恩格斯曾用豪情满怀的语言，极力地颂扬文艺复兴："这是一次人类从来没有经历过的最伟大的、进步的变革，是一个需要巨人而且产生了巨人——在思维能力、热情和性格方面，在多才多艺和学识渊博方面的巨人的时代。"

在这里，有一个被人们问了无数遍的问题：文艺复兴运动，为什么会偏偏发端于意大利？许多人从供给方面找原因，认为意大利是古罗马文化的发祥地，古罗马文化继承了古希腊文化，又加上了自己的创造。人们走在意大利的土地上，到处可以看到古罗马的遗迹，哪怕在经历多次的战乱之后，昔日繁华之地变成了一片废墟，剩下的残垣断壁也足以引发人们的无限遐想，以及作为古罗马后人的自豪之情。于是，近水楼台先得月，意大利最先出现文艺复兴，也就没有什么可奇怪的了。

　　然而，这个供给方面的原因，不是到了十四世纪才存在，而是在西罗马帝国灭亡后，一直都存在。由此，人们自然会产生疑问：为什么文艺复兴早前没发生，而是到了十四世纪后才发生？所以，仅从供给方面找原因是远远不够的，更为关键的是，还要从需求方面找原因。

　　这个需求方面的原因，就是到了十四世纪后，意大利的商业繁荣了，城市发达了，随之，资产阶级也发展壮大起来了。中世纪时期的意大利，虽然政治上四分五裂，但坐拥优越的地理位置，因为当时国际贸易的重心是地中海，而意大利正处于地中海的中间。这样，在十世纪国际贸易逐渐恢复以后，意大利涌现出了多个有名的城市，包括威尼斯、热那亚和佛罗伦萨等。与此同时，许多意大利商人依靠国际贸易，大发横财，成了新兴的资产阶级。资产阶级不满足于吃得舒服，还想接着寻求睡得安稳，于是，文艺复兴运动便应运而生了。

文艺复兴运动，主张人欲也是天理。人欲不外乎名、利两方面，像意大利诗人但丁，在他的代表作《神曲》中，就劝导人们"追名"："现在你应该从怠惰中摆脱出来，因为坐在绒毛上面，或是睡在被窝里的人是不会成名的，没有名声而蹉跎一生，人们在人世留下的痕迹，就像空中的烟云，水上的泡沫"。但是，最基础、最普遍、最重要的人欲还是"逐利"，也就是赚钱，因为人离开钱寸步难行，甚至连生存都会成为问题。所以，文艺复兴运动真正的重心，并不是在文艺上，而是在赚钱上，主要的作用就是为赚钱正名，特别是为资产阶级的赚钱正名。

重商主义的内涵

文艺复兴运动为资产阶级的赚钱正名，赚钱不再是上不了台面的事情，而是变得理直气壮、天经地义，这只是一种理念。把这种理念上升到理论，成为一种经济学说，就是重商主义。长期以来，人们习惯于将文艺复兴与重商主义分开来说，好像文艺复兴是文艺复兴，重商主义是重商主义，这是不妥当的。重商主义不但是文艺复兴的一个成果，而且是最为重要的一个成果，比文学、艺术和科学等方面的成果的历史作用还要大。

重商主义的出发点，就是怎么能让国家富起来，怎么增加国家的财富。在当时人们的观念中，财富就是货币，货币就是金银。因此，重商主义的问题，就归结为怎么赚钱，怎么获取尽可能多的金银。进一步说，从事国内贸易，赚国内的钱不算赚，因为一方所得就是另一方所失，国家的金银总量并没有增加；只有从事国际贸易，赚国外的钱才算赚，才能增加国家的金银总量。如此一来，重商主义的落脚点，就是怎么多出口、少进口，甚至是只出口、不进口，以保持和扩大贸易顺差。

简单地概括一下，重商主义就是重视赚钱——不是赚国内的钱、而是赚国外的钱，这与从事国际贸易的资产阶级的利益和诉求完全一致。这样，奉行重商主义的政府，就与从事国际贸易的资产阶级，相互结合起来了。

将重商主义落实到政策上，就是政府对经济活动的广泛干预，特别是实行贸易保护和特许经营。比如，对于从事出口贸易的商人，政府予以额外的补助和奖励；当出口商品时，政府退还商人原先缴纳的各种税费；当进口商品经过本国加工后再出口时，政府退还这些商品在进口时所缴纳的关税；对于进口的商品，政府则课以高额关税，甚至明令禁止一些本国不太需要，或本国能制造的商品进口；为便于管理，增加出口、减少进口，政府批准成立专营进出口贸易的特许公司，等等。

作为一种经济学说，重商主义最大的问题，就是把财富的概念理解得过于狭窄了。金银作为能够充当货币的特殊商品，固然是财富，但除金银外的其他商品也都是财富，甚至连服务也都是财富。由此，创造财富的途径也就不单是国际贸易，而是要把国内贸易，以及农业生产、工业生产和建筑业施工等，统统包括在内。有人也许会问，在货币仅限于金银的情况下，用金银的数量来衡量财富的多少，难道有错吗？应该说也不算错，但金银的数量只是一个方面，另一个方面是金银的购买力。即便国内金银的数量没有增加，但同样数量的金银，能够购买到更多的商品和服务，不也是意味着财富的增加吗?

颇有意思的是, 重商主义作为一种经济学说, 固然存在很大的偏差, 但它得出的结论——出口比进口好、顺差比逆差好, 却似乎是歪打正着, 至今依然适用。君不见, 不同国家间发生贸易纠纷, 往往都是出现逆差的国家不乐意, 去找出现顺差的国家的麻烦; 很少反过来, 出现顺差的国家不乐意, 去找出现逆差的国家的麻烦。究其原因, 就是过剩属于市场经济的常态, 国际贸易与国内贸易一样, 人们往往不是愁供给, 而是愁需求, 所以出口当然是多多益善。

重商成就霸权

重商主义的历史作用, 就是使得西欧国家从此步入了发展的快车道, 直接决定了西方世界的兴起和世界霸权的更替, 进而改变了整个人类社会的发展进程和方向。

同样是重商主义，同样是重视国际贸易，不同国家的具体表现形式是不一样的。大体上说，可以分为三条路子：

第一条路子是"重抢"，这主要是指西班牙和葡萄牙。重商主义的最终目标，是获取尽可能多的金银。拿商品换来的金银是金银，拿武器抢来的金银也是金银，何况抢比换更省事、更合算。所以，西班牙和葡萄牙在做买卖的同时，抓住一切机会，能抢就抢。特别是西班牙，通过殖民美洲，在美洲开采金银矿，攫取了大量的金银，并将这些不义之财，源源不断地运回西班牙。

第二条路子是真正的"重商"，这主要是指荷兰。荷兰是一个靠商业立国的国家，沿海布满天然的良港，历史上素有经商的传统。在西班牙发现新大陆、葡萄牙开辟新航路以后，全世界连为一体，更是为荷兰拓展国际贸易，提供了前所未有的机遇。于是，荷兰商人胃口大开，想要赚全世界的钱，甲地买了乙地卖，乙地买了丙地卖，将不同国家的商品倒来倒去。这样，大大小小的众多荷兰商船，就在全球各地的海洋上，一年到头不停地来回穿梭，忙得不亦乐乎！由此，荷兰得了一个众所周知的绰号，叫做"海上马车夫"。

第三条路子是"重工"，这主要是指英国。卖别的国家的东西是卖，卖自己国家的东西也是卖，如果自己国家的地域足够广，人口足够多，能够生产出种类丰富、数量庞大、质量上乘的商品来，那卖自己国家的东西，照样不少赚钱，况且货源还更有保证，面临的竞争还更少，何乐而不为呢？英国相比荷兰，在地域和人口规模上更胜一筹，显然更有条件走上"重工"的路子。事实也的确如此，英国后来由单纯地重视国际贸易，转为同样地重视工场手工业，大力扶植和鼓励出口商品的生产。

西班牙和葡萄牙是十六世纪的霸权国家，荷兰是十七世纪的霸权国家，英国是十八、十九世纪的霸权国家。这三条路子，虽然一条比一条难走，但也一条比一条高明，导致霸权国家先是因之崛起，后是因之衰落，正所谓成也萧何、败也萧何！

第三章　反封建

在封建等级制度中，国王与领主之间存在权利义务关系，就是国王要保护领主，领主要效忠国王。可是，这个权利义务关系，具体包括哪些内容，很难界定清楚，导致国王与领主总是起争执，甚至兵戎相见。到了中世纪后期，随着资产阶级的不断成长壮大，国王与领主之间长期缠斗的胶着状态，终于被打破了。

市民与领主的争斗

资产阶级的不断成长壮大，与商业和城市的不断成长壮大，基本上是一回事。因为商业天生喜欢扎堆，扎堆多了，自然形成城市。虽然城市市民中有大量的工人，但毫无疑问，能够主导和代表城市的是资产阶级。

城市是人们借用领主的地盘，自然而然地发展起来的。然而，日常管理城市的却是领主，尤其是领主没完没了地收钱，这必然会引发市民的强烈不满。在城市形成初期，市民势单力薄，对领主只能忍气吞声，但随着城市的不断成长壮大，市民的翅膀越来越硬，便开始与领主争斗了。

市民与领主争斗的目标，就是把领主撇开，实行城市自治。市民的翅膀变硬了，主要是说市民有钱了，用恩格斯在《论封建制度的瓦解和民族国家的产生》一文中的话讲，"市民阶级有一件对付封建主义的有力武器——货币"。

领主当初同意设立城市，以及后来管理城市，主要就是图财。对于有钱后的市民而言，能用钱解决的事，就不算大事。所以，市民与领主之间，有很大的利益交集和谈判空间。市民向领主提出，一年给领主缴纳多少税费，事先就定出具体的数额来，保证按时足额缴纳，然后领主就别找借口再要钱了，城市的事也用不着再继续管了。有些领主认为，这样省心、省事挺好，同意了市民的要求。这样，市民就通过赎买的手段，获得了城市的自治权。

当然，领主答应市民要求的过程，可能不都是这么痛快。美国作家房龙在《人类的故事》一书中，讲了这样一个故事：一位领主急需一笔钱还账，总数目是 340 磅金币，再有两个月就该到期了。他自己拿不出来，就开口向商人们借。商人们说回去商量商量。三天后，商人们来到城堡，同意借给领主钱。商人们表示，能在尊贵的大人困难之际，提供小小的帮助，他们真是高兴还来不及呢！不过作为 340 磅金币的回报，大人是否可以给他们签署一张特许状，准许他们建立一个由所有的商人和自由市民选举出来的议会，由议会管理城市的内部事务，而不受城堡方面的干涉？

商人们竟敢提出如此无理的要求，领主可是被深深激怒了。可他确实需要那笔钱呀！领主迫于无奈，只好满口答应，签署了特许状，交给一位珠宝商保管。过了一星期，领主后悔了。他召集自己的士兵，气呼呼地闯进珠宝商的家里，向他要回那张特许状。因为，按领主的话说，它是狡猾的市民们趁着他手头紧张，从他那里诱骗走的。领主拿走特许状，一把火烧掉。市民们安静地站在一旁，什么话也没说。可当下一次领主急需用钱，为女儿办嫁妆的时候，他连一个子儿也借不到了。经过在珠宝商家里发生的小小纠纷之后，领主被认为"信用不佳"。领主不得不忍气吞声，低下高贵的头颅，答应做出某些补偿。在领主拿到合同规定数目的第一笔借款之前，市民们不但重新握有了以前签署的特许状，还外加了一张新的特许状，准许他们建造一座市政厅和一座坚固的塔楼。塔楼将用作保管所有的文件和特许状，以防失火或盗窃，但真正的用意无非是，防止领主和他的士兵将来的暴力行为。

另有一些领主，则死活不同意市民的要求，认为我的地盘我做主，凭什么不让我管呢？市民与领主的矛盾不可调和，最后就要动刀动枪了。市民有钱建立自己的武装，实在不行还可以请雇佣军，领主当然也有自己的军队，两军大打出手，谁的拳头硬谁说了算。这个战争过程充满了曲折，往往不是打一两次仗就算完事，而是一场漫长的拉锯战。法国学者布瓦松纳，在《中世纪欧洲生活和劳动（五至十五世纪）》一书中指出，"这些贸易商人和工匠在他们为自由而斗争中所表现的坚决与毅力是无与伦比的：在拉昂，他们曾进行三次武装起义，在韦泽雷进行五次，在图尔进行十二次。这些自治团体的胜利，以及它们的赢得解放，是这些实际上以不能动摇的决心联合起来，去实现他们的劳动权利和独立生活权利的城市社团的新力量的证明。"

从十一世纪到十三世纪，西欧国家的很多城市，通过赎买或武装斗争的手段，获得了自治地位。

市民与王权的结盟

市民与自己的领主争斗，赢得城市自治的胜利，尚不算完事；接着，还要与其他的领主争斗，因为国内市场不统一，一个领地一个章程，严重地影响了他们赚钱。而国王长期与众多的领主争斗，一直苦于没有帮手。于是，敌人的敌人是朋友，在反对领主这件事情上，市民与国王联合起来了。

国王看重市民，是因为市民手里有钱。国王在与领主长期争斗的过程中，之所以没占到多大的便宜，主要就是因为军事实力不够。有钱就好办事，国王从市民手里拿到钱后，就可以招募更多的军人，购置更先进的武器，进而壮大自身的军事实力。如果国王与领主打起仗来，"大炮一响，黄金万两"，那就更加需要市民手里的钱了。

市民看重国王，是因为国王手里有权。国王在名义上，毕竟是整个国家的"王"。虽然国王实际的权力，有些名不副实，但不管怎么说，领主的领地是国王分封的，领主的权力是国王授予的，所以国王想坐实自己的权力，属于名正言顺的事情。何况国王还给自己留了一份自留地，这份自留地往往是最大最好的，所以与众多的领主相比，国王的实力往往也是最强的。

市民与国王联合起来后，就开始大胆地收拾领主了。比如，废除各个领地的度量衡，在国内统一使用国王定下的度量衡；取消各个领地的铸币权，在国内统一使用国王铸造的货币；撤掉不同领地间的关卡，维修连接不同领地的道路桥梁，让商品在国内货畅其流；提升国王法庭的权限，重大案件均移交国王法庭审理，国王法庭可以受理对领主法庭所作判决的申诉，等等。

国王在整顿国内市场秩序、保护商人合法权益方面，更是不遗余力。比如，法国国王路易九世统治时期，"由于目睹今日之巴黎，世风浮薄，人欲横流，正在趋于腐化堕落之中，一些年轻无知者，以及外侨和本城居民也胡作非为，他们既不经营任何商业，也不熟悉任何商业，他们往往冒牌售给客商劣质而又不可靠的商品"，所以，要通过制定和颁行法规，"维护一切人等的利益，包括贫苦人民以及前来购物的客商在内，以免被以劣充优的商品所欺骗，凡属违背上帝旨意，违法悖理，以欺骗手段获利，或利用顾客缺乏商品知识收取不义之财的人，都要予以处罚"。

市民与王权的结盟，是市民与王权的相互利用，那么，究竟谁利用谁的成分更多一些？鉴于城市有多个，而王权只有一个，所以，如果没有王权的强力牵头，多个城市很难协调一致，采取共同的行动。因而不难得出结论，还是王权更主动，王权利用市民的成分更多一些。

由此导致的结果便是，在反封建的任务完成后，执掌国家权力的是国王，而不是以资产阶级为代表的市民。这样，西欧国家从十五世纪后期开始，先后步入了专制王权的统治时期。

农奴制的解体

在城市逐渐恢复和发展起来以后，西欧国家出现了典型的二元社会结构：一边是自由的城市，城里人基本上都是自由的身份；另一边是奴役的农村，农奴对领主有人身依附关系。刚开始的时候，农村人口城市化的通道，虽然不能说没有，比如，农奴可以通过逃跑或赎买等途径进入城市，但这个口子开得很小很小。

到了十一世纪后，随着城市自治运动的蓬勃展开，领主权力和地位的不断下降，农奴进入城市的口子越开越大。尤其是十四世纪肆虐欧洲的黑死病，更是给了农奴制致命的一击。由此，西欧国家的农奴制开始走向没落，自给自足的庄园再也难以维系下去了。

在城市自治运动中，市民与领主谈判往往有一条，那就是要确保进城农奴的人身自由。比如，英国的不列特尔市的特许状，包含这样的内容："任何个人来到这个市镇，只要住满一年零一天，就可免受其先前领主的追捕；而且新来者虽然须经全体市民一致同意才能留住该市，但只要无人对那一年零一天提出非议，就可算是一致同意了。"这个进城农奴获得自由的"一年零一天"的时限，不仅是不列特尔市如此，也不仅是英国的城市如此，而是西欧国家城市的普遍做法。比利时历史学家亨利·皮雷纳，在《中世纪的城市》一书中，就此评论道："农奴身份的一切痕迹在城市的墙垣之内消失。尽管财富的多寡造成人与人之间的差别甚至鲜明的对比，然而在身份方面人人都是平等的。德意志的谚语说：'城市的空气使人自由'，这条真理适合于所有的地方……每个在城墙内住满一年零一天的农奴，就确定无疑地享有了自由。"

当然，还有一些城市的条件更为宽松。比如法国的圣昆坦市，规定农奴一旦进入该市，立即成为自由人，不过留在原地的某些动产，仍归原先的领主所有。圣昆坦市的这一规定，被其他城市纷纷效仿。

随着城市经济的发展和就业空间的扩大，城市对农村的蚕食能力越来越强，势必会吸引越来越多的农奴，出于自由和生计的双重考虑，进入城市工作和生活。这个过程虽然进度缓慢，但温水煮青蛙，相信终有一天，领主会因经受不住城市连续地挖墙脚，出于留住劳动力干活的目的而改弦更张，还给农奴人身的自由。然而，不期而遇的一场黑死病，将这个进度大大提速了。

黑死病也就是鼠疫，因人患病以后会皮肤发黑而得名，是一种烈性传染病。十四世纪四十至五十年代，黑死病席卷整个欧洲，导致欧洲大概有三分之一到二分之一的人口死亡。意大利作家薄伽丘是这场黑死病的亲历者，他以此为背景，写出了代表作《十日谈》。在薄伽丘的笔下，"佛罗伦萨突然一下子成了人间地狱：行人在街上走着走着突然倒地而亡；待在家里的人孤独地死去，在尸臭被人闻到前，无人知晓；每天、每小时大批尸体被运到城外；奶牛在城里的大街上乱逛，却看不到人的踪影……"。薄伽丘不由地感叹："这场鼠疫太可怕了，健康的人只要一跟病人接触上就能染上病，那状况就像干柴凑着烈火那样容易燃烧起来。"

黑死病产生的直接结果，就是劳动力的严重短缺。不论是城市还是农村，到处都缺人干活，因而纷纷争抢劳动力。在这种情况下，如果领主仍抱着老黄历不放，不还给农奴人身的自由，就找不着人干活，只能去喝西北风了。于是，西欧国家的农奴制就此解体，庄园自给自足的局面就此打破。

西欧国家农奴制的解体，意味着可以为城市源源不断地提供自由的劳动力；庄园自给自足局面的打破，意味着可以为城市提供原料来源和产品市场，这就进一步促进了城市资本主义工商业的发展。

第四章　大航海

大航海就是地理大发现，指的是西班牙发现新大陆、葡萄牙开辟新航路。人们之所以称其为"大"，主要还不是因为难度之大，而是因为意义之大。大航海结束了人类相互隔绝的局面，将断裂的世界重新连接在了一起，全球化时代由此开始了。

起　因

在这个世界上，没有无缘无故地发生的事情。在十五世纪后期的西班牙和葡萄牙，大航海能够提上议事日程，是因为天时、地利、人和，三个方面的条件都具备了。

天时，指的是新兴的奥斯曼帝国，掐住了原有的东西方贸易的通道。在地理大发现以前，西欧国家与中国、印度等东方国家做贸易，无论是走单纯的陆路，还是陆路和海路并走，肯定都要经过中东地区。而在十五世纪中叶，土耳其人的奥斯曼帝国兴起，占领了中东地区的大片土地，尤其是 1453 年攻陷君士坦丁堡、东罗马帝国灭亡之后，更是全面控制了东西方贸易的传统商路。原有的通道被卡了脖子，买卖难做了，逼得西欧国家，只能去寻找新的通道。

地利，指的是西班牙和葡萄牙，地处欧洲的西南端、大西洋沿岸，不论是往南走还是往西走，最前沿、最方便的都是它们，因此责无旁贷。实际上，从十五世纪初期开始，在恩里克王子的大力推动下，葡萄牙就借助地理位置上的优势，沿着非洲西海岸，一步步地往南航行，进行持续性的探险活动了。

1415 年，葡萄牙越过直布罗陀海峡，侵占了非洲西北角的休达，建立了最早的海外殖民据点；1419 年，葡萄牙侵占了大西洋中的马德拉群岛；1443 年，葡萄牙穿越了西非海岸的博哈多尔角，在此之前，这里是已知世界的尽头，被当时的人们称为"死亡之角"。到 1460 年恩里克王子去世时，被葡萄牙绘在地图上的非洲西海岸长度，已经达到了 4000 公里。这就在客观上，为接下来葡萄牙开辟新航路，奠定了坚实的基础。

人和，指的是西班牙和葡萄牙，在西欧国家中率先完成了反封建的任务，建立起了专制王权的统治，这样就有意愿、有能力进行大航海。有意愿，是因为专制王权奉行重商主义，重视国际贸易；有能力，是因为专制王权克服了领主各自为战的局面，能在全国范围内调动起充足的资源，用于支持大航海。

需要强调的是，最后这个方面的条件至为重要。因为论天时，所有的西欧国家都具备；论地利，西班牙和葡萄牙一直都具备。所以，大航海没有在其他西欧国家发生，没有在以前发生，而是在此时此刻的西班牙和葡萄牙发生，最关键的条件还是人和。即便天时和地利再帮忙，如果人不努力，一切都是白搭。

过 程

西班牙和葡萄牙具备了大航海的条件，下面就需要具体的人来实施。大航海可不是闹着玩的，属于高风险、高收益的活，干这活的必须是要钱不要命的主。于是乎，时势造英雄，西班牙雇请的哥伦布和葡萄牙的达·伽马，便走到历史的前台来了。

在葡萄牙，1481 年至 1495 年间在位的国王若昂二世，继承了恩里克王子的航海事业。1487 年，他派迪亚士率领一支葡萄牙船队，继续沿着非洲西海岸南下。在航行途中，有一次船队突然遭遇了风暴，风暴裹挟着船队，一路漂流了好多天。等风暴过去时，迪亚士意外地发现，船队已经绕过了非洲的最南端。为了纪念这次九死一生的传奇经历，迪亚士给非洲最南端的海角取名"风暴角"。鉴于绕过这个海角后，就打开了通往东方国家的希望之门，所以后来又改称"好望角"，并一直沿用至今。

　　1497 年 7 月，葡萄牙探险家达·伽马率领四艘帆船组成的船队，接续迪亚士走过的路线，准备寻找通往印度的航路。这支船队装备十分精良，带有最新绘制的航海图和地图，以及指南针和星盘等。1497 年 11 月，达·伽马的船队绕过好望角，进入印度洋。1498 年 3 月，这支船队到达非洲东海岸的莫桑比克。在接下来的肯尼亚，他们有幸找到了一位经验丰富的水手领航。这样，达·伽马的船队没用多少天，就顺利地渡过了印度洋，于 5 月到达印度西南海岸的卡利卡特，东西方贸易的新航路由此开辟。不过，达·伽马船队此行的代价巨大，当他们于 1499 年返回葡萄牙时，最初的 170 人仅剩下 55 人，绝大部分水手都因得坏血病去世了。

　　与葡萄牙尝试往南走绕过非洲，寻找通往印度的航路不同，西班牙尝试往西走，想通过横渡大西洋，直达印度。提出这一想法的不是西班牙人，而是意大利人哥伦布。

1451 年，哥伦布出生于意大利有名的港口城市热那亚。他自幼在海上生活，非常熟悉海洋，热爱航海活动，掌握了多种航海技术。哥伦布喜欢学习地理知识，相信地球是圆的，认为欧洲与印度之间，就相隔着一个大西洋。通过向别人的请教和自己的推算，哥伦布得出结论，穿越大西洋的航线，比绕行非洲的航线要短，能够更快地到达印度。

哥伦布年轻的时候，从意大利来到了葡萄牙，并在葡萄牙娶妻生子。所以，他先是向葡萄牙国王若昂二世，兜售自己的航海计划。若昂二世召集航海知识丰富的专家们进行研究，他们认为哥伦布得出的结论有偏差，往西航行到达印度的实际距离要长得多，因而否决了哥伦布的计划。

哥伦布不甘心失败，又带着自己的航海计划，从葡萄牙来到了西班牙，向西班牙王室游说。西班牙王室经过慎重地考虑，决定支持哥伦布的这一尝试。1492 年 8 月 3 日，哥伦布率领由西班牙王室资助的三艘帆船起航，驶入完全属于未知世界的大西洋海域。经过在茫茫大海上，两个多月的痛苦挣扎和艰难航行，哥伦布的船队终于在 10 月 12 日，到达了北美洲的巴哈马群岛。他们自认为到达了印度，实际上不是印度，而是欧洲人当时尚不知晓的新大陆。哥伦布犯了一个大错误，不承想有了一个大发现，历史就这样跟哥伦布，开了一个美丽的玩笑！

此后的 1519 年至 1522 年，同样是在西班牙王室的支持下，葡萄牙探险家麦哲伦率领的船队，从西班牙出发，穿越大西洋到达美洲，又从美洲穿越太平洋到达亚洲，后经马六甲海峡穿越印度洋，再绕行好望角一路北上，回到西班牙。这是人类历史上的第一次环球航行，将哥伦布和达·伽马的航线串联在了一起，以无可辩驳的事实证明了地球是圆的，向世人展现了地球的真实概貌。至此，西班牙和葡萄牙的大航海壮举，可以说是圆满收官了。

结 果

地理大发现有着多重的价值和意义，绝对不是仅限于地理，仅限于发现了一条新航路、一块新大陆那么简单。具体地说，可以分为以下三个层面：

第一个层面，对西班牙和葡萄牙而言，就是它们由此成为世界上最早的霸权国家。地理大发现的指导思想是重商主义，换句话说，就是图财、图金银。对此，恩格斯在《论封建制度的瓦解和民族国家的产生》一文中，说得很清楚："葡萄牙人在非洲海岸、印度和整个远东寻找的是黄金；黄金一词是驱使西班牙人横渡大西洋到美洲去的咒语；黄金是白人刚踏上一个新发现的海岸时所要的第一件东西。"哥伦布在一封信中，说得也很清楚："金真是一个奇妙的东西！谁有了它，谁就成为他想要的一切东西的主人。有了金，甚至可以使灵魂升入天堂。"

据统计，在 1521 年至 1544 年间，西班牙人从美洲每年平均运回黄金 2900 公斤，白银 30700 公斤。此后更是变本加厉，在 1545 年至 1560 年间，每年平均运回的黄金达到了 5500 公斤，白银达到了 246000 公斤。葡萄牙人也不含糊，在 1493 年至 1600 年间，从非洲运回的黄金总共达到了 276000 公斤。

西班牙和葡萄牙的崛起，真是应了一句老话，"人无外财不富"。只可惜这两个国家，没有把外财用在正道上，没有通过大力发展工商业，让钱生钱，而是大都拿到国外买奢侈品去了。由此导致的结果必然是，钱来得快，去得也快，随后的衰落自然就是在所难免了。

第二个层面，对欧洲而言，就是开创了欧洲称霸世界、殖民世界的历史。1493 年，在罗马教皇亚历山大六世的主导下，西班牙和葡萄牙一致同意，在地球上划一条贯穿南北两极的分界线，分界线以西是西班牙的势力范围，主要是美洲；分界线以东是葡萄牙的势力范围，主要是亚洲和非洲。西班牙和葡萄牙就是这么奇葩，胃口就是这么大，它们连地球大体上长什么样，都还没有弄明白，就像切西瓜一样，把地球一分两半，开始瓜分世界了。

由于地理上的相互隔绝，过去的世界强国，只能说是称霸一方，但从西班牙和葡萄牙开始，真的就是称霸世界了。在地理大发现以后，国际贸易的重心由地中海转到大西洋，使得荷兰和英国相继崛起。这两个新的霸权国家，全盘继承了西班牙和葡萄牙的衣钵，崛起后的对外政策目标，都是重新瓜分世界和殖民世界。

第三个层面，对世界其他地区和国家而言，就是开始被动卷入欧洲国家的殖民体系。地理大发现让西班牙和葡萄牙，赚得盆满钵满，却给美洲、亚洲和非洲，带来了深重的灾难。尤其是西班牙发现新大陆后，对美洲的原住民印第安人来说，简直就是灭顶之灾。西班牙人依靠先进的武器，大肆屠杀印第安人，特别是西班牙人带去的各种传染病，让缺乏免疫力的印第安人无法招架，造成一批又一批的印第安人死亡。据统计，在西班牙人征服美洲的过程中，印第安人的人口数量急剧减少了90%，制造了种族灭绝的人间惨剧。比如，到1570年，墨西哥的人口从2500万下降到了265万，秘鲁的人口从900万下降到了130万。

继西班牙和葡萄牙之后，荷兰、英国和法国等欧洲国家，都纷纷加入了争抢殖民地的行列。它们在对殖民地的人民，进行残酷地压榨和剥削的同时，客观上也对世界市场的形成和扩大，对各国间的科技和文化交流，起到了促进作用。

第五章　宗教改革

文艺复兴虽然反对把人当作神的附属物，但是并没有反对作为神的代表的教会，至多只是揭露了教会的一些阴暗面。像意大利作家薄伽丘的代表作《十日谈》中的教士，很多都是说一套做一套的虚伪之徒。如果说在"人进神退"方面，文艺复兴是迈出了第一步的话，那宗教改革就是紧随其后，迈出了第二步，将反对的矛头直接指向教会了。

路德点火

人们通常会以为，能够发起宗教改革的人，一定是个头有反骨的叛逆精神极强的人。事实恰恰相反，马丁·路德是一个极其虔诚的基督徒，也正是因为他的极其虔诚，才掀起了宗教改革的惊涛骇浪。

1483 年，马丁·路德出生于德国境内的一个选侯国萨克森。他 18 岁时入爱尔福特大学学习，毕业后去奥古斯丁修道院，成了一名修道士。后来，他转到维登堡大学，担任神学教授。1510 年和 1511 年，马丁·路德先后两次去罗马，耳闻目睹罗马教廷的奢靡、腐败和堕落，内心萌生出诸多不满。

马丁·路德对自己的基督教信仰特别较真，他经常以中世纪最为称道的鞭笞、斋戒等手段，折磨自己的肉体。但这些手段，并不能消除他精神上的罪孽感，内心依然备受煎熬。直到有一天，他读到《圣经》中保罗的书信，感觉豁然开朗。保罗说："你只要相信耶稣基督就能得救。"马丁·路德由此得出结论："你根本不必做任何事就能得救，尤其不必对神父的指示言听计从。你只要相信上帝、抱持信仰就行了。"这就是说，人的罪孽能不能得到救赎，与他的外在行为无关，与作为中介的教会无关，只与他的内心是否虔诚有关，心诚则灵，以《圣经》为依据，与上帝直接沟通就行了。

1517年，教皇利奥十世以修建圣彼得大教堂需要筹款为名，派人到德国兜售赎罪券。他们宣称，只要购买赎罪券的钱，叮当一声落入钱箱，有罪的灵魂就能立即升入天堂。钱竟然可以把教会的赎罪券，变成天堂的入场券，这种亵渎基督教信仰的说辞，无疑深深地刺激和伤害到了马丁·路德。于是，他就在维登堡教堂门口，贴出了一份《九十五条论纲》，宣扬自己的宗教主张，历数教会说辞的荒谬，甚至直接责问："教皇的财富今日远超过最富有者的财富，他为建筑一个圣彼得教堂，为何不用自己的钱，而要用贫穷信徒的钱呢？"

马丁·路德明目张胆地与教会作对，乃至否定教会的中介作用的做法，无异于动摇了教会的根基。教皇利奥十世下令，开除马丁·路德的教籍。马丁·路德毫不示弱，以激烈的言辞回应："这人以为他是谁啊？他告诉我们，他是耶稣基督在世间的代表，但他其实是耶稣的敌人，是个反基督之道而行的人。他过着奢华的生活，头戴着三重皇冠，你来到他面前必须亲吻他的脚趾头，要行动还得仆人高举过肩，而我们从《圣经》上知道，耶稣基督都是靠着两条腿行走四方。"换句话说，经是好经，但让教皇给念歪了。

1521年，神圣罗马帝国皇帝查理五世召开帝国会议，要求马丁·路德到会，并表达悔改之意。马丁·路德在帝国会议上，依然坚持己见，宣称除了依据《圣经》，证明我是错的以外，我现在不会、将来也不会退缩。随后，查理五世下令，逮捕马丁·路德。在这个关键时刻，萨克森选侯腓特烈大胆出手，保护了马丁·路德。于是，马丁·路德改名换姓，躲进了一个名叫瓦特堡的城堡中。在这里，他把拉丁文的《圣经》译成了德文，在德国社会上广泛传播，吸引了越来越多的追随者。

在《基督教会史》一书中，美国学者威利斯顿·沃尔克，这样评价马丁·路德："能以自己毕生事业深刻改变世界历史进程的人物寥若晨星，而路德便是其中之一。路德既不是组织家，也不是政治家。他之能打动人心是靠出自心底的宗教信仰的力量，这种信仰导致对上帝不可动摇的信赖，与上帝建立直接的、个人的关系，对得救深信不疑。这就使中世纪那一套复杂的教阶体系和圣事制度没有存在的余地。"

其实，马丁·路德不过就是基督教出现的一个异端，这本不是什么问题，因为基督教与其他宗教一样，从它产生的那一刻起，就命定会不断地出现异端。这里真正的问题是，为什么过去有人点火，基督教出现异端时，教会都能及时地扑灭，而这一次马丁·路德点火，教会非但没能及时地扑灭，反而形成越烧越旺的燎原之势呢？从表面上看，是因为德国尚未走出封建割据的状态，使得像腓特烈这样的贵族，有条件对马丁·路德施以援手。然而，过去西欧各国一直都是封建割据的状态，为什么那个时候的贵族，就没有保护像马丁·路德这样的异端呢？所以，马丁·路德能够做到星火燎原的背后，肯定是有深层次的原因，那就是教会的权威下降了，人心开始思变了。

群宗并起

马丁·路德发起的宗教改革，不但影响了德国，而且影响了整个西欧，导致大大小小的新教派层出不穷。经马丁·路德改革后的基督教新教，称作路德宗。除此之外，新教还有两大主流教派，分别是加尔文宗和安立甘宗。

马丁·路德进行宗教改革，有一个核心的思想，叫做"因信称义"。用他的话说，就是"只是信，不是行为，才使人称义，使人自由，使人得救"。在法国出生，后来移居瑞士的宗教改革家加尔文则认为，不只是内心的信重要，外在的行为也重要。作为上帝的选民，一定是内心虔诚地信仰上帝，同时在日常的工作和生活中，表现出节制、忍耐、勤劳和友爱等一系列的美德。

与路德宗和加尔文宗的起因不同，安立甘宗是由英国国王亨利八世，出于离婚的原因发起。亨利八世的原配夫人凯瑟琳，没有生育儿子，让亨利八世对王位继承问题，颇费脑筋。他打算和凯瑟琳离婚后再娶，并请求教皇克莱门七世予以批准。没想到克莱门七世竟然回绝了，这使得亨利八世恼羞成怒，宣布与罗马教廷一刀两断，干脆让自己掌控下的英国法庭，判决自己离婚。这就是英国的宗教改革，主要是摆脱了罗马教廷的控制，其他方面没有变多少。后来，有些人对这种蜻蜓点水式的改革不满意，主张向加尔文宗看齐，其他方面也要跟着变，"清除"基督教原来的一些痕迹，于是，英国就有了所谓的清教。

尽管不同的新教教派间，存在着明显的差别，但在否定罗马教廷的统治地位和中介作用方面，则是完全一致的。由此，罗马教廷一统天下的局面被打破，教会变成了国家的教会，并退出了世俗的领域。这样就不再是政教不分了，而是实现了政教分开，"上帝的归上帝，凯撒的归凯撒"。

与基督教新教的群宗并起相对应的，是基督教旧教的洗心革面。面对基督教新教席卷西欧的态势，罗马教廷不甘心坐以待毙，于是开始采取有力的举措，严肃各项教规和纪律，整顿内部的不良风气，消除自身的奢靡、腐败和堕落形象。罗马教廷的这种自我革命很不容易，不过也很有成效，经过几任教皇连续不断地刮骨疗毒，逐渐让罗马教廷恢复了元气，重新赢得了众多教徒的信任。英国学者赫·乔·韦尔斯，在《世界史纲——生物和人类的简明史》一书中指出："罗马教会内部的宗教改革所作出的变革和脱离母体的新教教会所作出的变革一样重大。从此再没有公开的丑事和分裂记载下来了。但是如果还有什么可说的，那就是教义的狭隘性加深了。"教义的狭隘性加深了，也就意味着与新教的冲突加深了。

不管是什么宗教，异端之所以为异端，是因为刚开始时，信仰的人数少。等信仰的人数多了，谁都拿着没治了，那异端就会自然而然地变成正宗。基督教也是如此，在宗教改革发起一百多年后，罗马教廷眼看大势已去，也就开始改弦更张，与新教和平共存了。这样，宗教宽容也就取代了宗教迫害和宗教战争。从总体上讲，西欧国家是以地理位置为界，南部的意大利、西班牙和葡萄牙等国家，依然信奉旧教；而北部的英国、荷兰和德国等国家，则改为信奉新教。

新教伦理

我们说的新教伦理，主要是指为资本主义的迅猛发展，提供了思想支撑的加尔文宗的伦理。加尔文宗认为，作为上帝的选民，他们的世俗工作属于"天职"，不是我要按照自己的心意工作，而是我要遵照上帝的旨意工作。这样，他们的世俗工作就带上了神圣的色彩，勤俭节约也好，努力奋斗也好，白手起家也好，新教伦理所提倡的这一切的一切，统统都是为了满足上帝的要求，增加上帝的荣耀。

所以说，新教伦理的核心指向，就是要以上帝的名义来赚钱。

　　加尔文自己是怎么做的呢？奥地利作家斯·茨威格，在《异端的权利》一书中，是这么说的："他恪守最严格的教规。为了心灵之故，他只允许他的身体享受绝对的、最低限度的食物和休息。夜间只睡三小时，至多四小时；一天只进一顿节约餐，很快吃完，餐桌前还翻开着一本书。他不散步闲荡，没有任何娱乐，不寻求消遣，特别避开那些有可能使他真正欣赏的事物。他工作、思索、写作、辛勤劳作和战斗，卓越地献身于宗教，从来没有一小时的私生活。"如此极端的活法，从世俗的角度解释不了，只能从信仰的角度去解释。

　　如果把加尔文的这种精神，用在赚钱上，自然就会迸发出无穷的能量来。因为人出于信仰的天职赚钱，与出于本能的欲望赚钱，是两种完全不同的境界，精神状态会完全不一样。人出于信仰的天职赚钱，赚钱的目标会更高，赚钱的动力会更大。为此，他会更节俭，以便省下更多的钱来生钱；他会更勤奋，以便拿出更多的时间来赚钱；他会更注重创新，以便用同样数量的钱赚来更多的钱。当然，由于不同的人信仰的虔诚程度不同，迸发出来的能量的大小也就不同。

在一定程度上，正是源于新教伦理发挥的潜移默化的作用，使得西欧的经济地理发生了巨大变化。宗教改革以前，西欧的经济情况是南部发达、北部落后，南部总体上好过北部；宗教改革以后，西欧的经济情况反过来了，变成了南部落后、北部发达，南部总体上不及北部。像十七世纪的霸权国家荷兰，十八、十九世纪的霸权国家英国，都属于北部的新教国家。

第六章　走向共和

在西欧国家，如同在封建等级制度下，资产阶级为摆脱领主的统治，与领主进行了长期的争斗一样，在专制王权统治下，资产阶级为摆脱国王的统治，又与国王开始了一场新的争斗。有人可能会有疑问，资产阶级"出得龙潭、又入虎穴"，岂不是白折腾了吗？

不能这么讲。正如美国经济学家道格拉斯·诺思、罗伯斯·托马斯在《西方世界的兴起》一书中，所指出的那样，"一个能可靠地提供保护的国王——即使是一个暴君——也远比盛行的无政府状态可取。尽管在暴君统治下，现有的所有权的安全仍是脆弱的，但还远不及无政府状态下那样脆弱。"也就是说，王权结束了领地林立的混乱状态，建立了民族国家的统一秩序，资产阶级得以借此快速地发展壮大。而实力变得更强的资产阶级，自然也就有了与国王争斗的雄厚资本。

资产阶级与国王争斗的过程，也就是国家由君主制走向共和制的过程。由于不同国家的国情差异，这个过程有早有晚。在工业革命以前，西欧有两个国家，以非典型的方式，走向了共和制：一个是荷兰，资产阶级革命表现为反抗西班牙统治、争取民族独立的革命；另一个是英国，资产阶级革命最终并没有推翻国王，只是摆脱了国王的专制统治。

第一共和

十六世纪的时候，荷兰还不是一个国家，而是尼德兰的一部分。尼德兰也不是一个国家，而是由西班牙统治。

尼德兰一词的原意是低地，也就是地势低洼的地区，相当于现在的荷兰、比利时、卢森堡和法国东北的一部分。尼德兰共有十七个省，大体上可以划分为南北两大地区：南部地区的十个省，以佛兰德尔和不拉奔为中心，手工工场出现很早，毛纺织业比较兴盛，原料和销售市场主要依靠西班牙；北部地区的七个省，以荷兰和西兰为中心，商业比较发达，与英国、波罗的海沿岸各国及俄罗斯有密切的贸易往来，与西班牙的经济联系反而不大。

十六世纪中期以后，西班牙统治者对尼德兰人民的压迫变本加厉，双方的矛盾全面激化。在政治上，西班牙国王任命的尼德兰总督，拒不召开由教士、贵族和市民组成的三级会议，剥夺城市的自治权，禁止中小贵族出任公职，免除当地教士担任的主教职务；在经济上，西班牙取消尼德兰商人享有的粮食专卖权，禁止尼德兰同西班牙的美洲殖民地通商，提高尼德兰从西班牙进口羊毛的税额；在宗教信仰上，西班牙颁布惩治异端的"血腥敕令"，倘若尼德兰人信奉新教，男的杀头，女的活埋，财产没收，包庇者同罪。

"哪里有压迫，哪里就有反抗"。西班牙统治者的严重压迫，终于在 1566 年，激起了尼德兰人民的激烈反抗，尼德兰革命由此爆发。这场革命旷日持久，曲折反复，最后导致尼德兰的南北分裂。1581 年，尼德兰北部地区的七个省，宣告脱离西班牙的统治，成立联省共和国，首都设在荷兰省的海牙，所以又称为荷兰共和国。1609 年，西班牙和荷兰缔结休战协定，事实上承认了荷兰的独立。

作为独立国家的荷兰，在政治上实行资产阶级共和制。三级会议是国家的最高权力机关，由各省派出的教士、贵族和市民代表组成，拥有立法权、赋税决定权和处理国家重大事务的权力。国家的最高行政机关是国务委员会，委员名额按各省的纳税额分配。国务委员会的首脑是执政，由奥兰治家族世袭。由此，荷兰成为西欧，同时也是世界上的第一个资产阶级共和国，第一个"赋予商人阶层充分的政治权利的国家"。

荷兰走向共和制，明显改善了营商环境，使得十七世纪前半期的荷兰经济，得到了迅速发展。荷兰生产的呢绒、麻布和丝绸，在国际上享有盛誉。荷兰的造船业和航运业十分发达，商船的吨位占到欧洲总吨位的四分之三，承揽了各国间的大量运输业务。荷兰的金融业进行了多项重大创新，比如，

1609 年在阿姆斯特丹，创办了世界历史上的第一个股票交易所；同样是在 1609 年创办的阿姆斯特丹银行，广泛开展委托代付和信贷业务，它所铸造的金币通行于世界各地，成了"闻名世界的首富银行"，以至于"人们观察这家银行时就会想到这是一个大宝库，里面有金条和银条，以及装满金钱的无数口袋"。荷兰经济的总体特点是，商业和金融业胜过工业，国际贸易胜过国内贸易。

到了十七世纪中期，荷兰的经济繁荣达至顶峰。特别是荷兰的全球商业霸权地位，已经稳固地建立起来。荷兰的东印度公司代表国家经商，经过几十年的发展，已经拥有 15000 个分支机构，贸易额占到世界总贸易额的一半。悬挂着荷兰国旗的成千上万的商船，满载着世界各地的货物，常年游弋在浩瀚的大海之上，在星罗棋布的海港间往返不停。

1656 年，阿姆斯特丹新的市政厅竣工。荷兰诗人冯德尔，为这座用了八年的时间、七十多吨的黄金才建成的宏伟建筑，特意写了一首颂歌："……我们阿姆斯特丹人扬帆远航……利润指引我们跨海越洋。为了爱财之心，我们走遍世界上所有的海港。"这样的歌词挺有意思，是荷兰经济繁荣的真实写照！

在意大利学者卡洛·M·奇波拉主编的《欧洲经济史》一书中，有这样一段话："假如在17世纪末向一个有想象力、有文化和常识的人提出这样一个问题：在荷兰和英格兰两个国家中，哪一个国家将在未来150年内有更大的可能性在生产领域里发生爆炸性的革命，他的回答必定倾向于荷兰。因为在所有关键问题上荷兰都比英格兰优越。然而，荷兰不知不觉地陷入了保守主义的泥淖，以致渐渐地在越来越多的领域里失去领先地位。"

实际上，一个国家沿着一条路走顺了、走长了，都会自然而然地产生路径依赖。在这条路上，别的国家很难赶上和超越，只能另辟蹊径，搞好了就能达到弯道超车的效果。这样的事情在人类历史上屡见不鲜，"重商"的荷兰不敌后来"重工"的英国，只不过是又增加了一个例证而已。

虚君共和

英国自十五世纪末，建立起专制王权后，与资产阶级的关系一度比较和谐。专制王权与资产阶级各取所需，伴随着资产阶级的不断成长壮大，英国的国力变得日益强盛。但进入十七世纪后，专制王权对资本主义发展的消极作用，开始凸显出来，与资产阶级的冲突愈演愈烈。

与荷兰、法国等国家不同，英国没有三级会议，但有一个角色类似的议会。议会分为上下两院，上议院议员由国王任命，主要是教士和贵族；下议院议员由各地选举，主要是代表市民的资产阶级。所以，国王与资产阶级的冲突，集中地表现为国王与议会，特别是下议院的冲突。

长期以来，议会的主要权力是财权，也就是不经过议会的同意和批准，国王不能开征新税。1603

年，詹姆士一世继任英国国王以后，面对财政入不敷出的局面，屡次要求开征新税，均遭到资产阶级掌控的下议院拒绝。詹姆士一世则以解散议会，进行报复，引发了资产阶级的严重不满。1625 年，詹姆士一世去世，其子查理一世继位。查理一世以筹措对外战争的经费为由，向资产阶级强迫借贷，实际上是征收一定比例的土地税和财产税。议会对此反应强烈，趁机向国王提交"权力请愿书"，要求国王未经议会同意，不得强行征税和借贷；未经法庭判决，不得逮捕任何人或剥夺其财产；不得强占民房驻军，等等。

尽管查理一世勉强接受了"权力请愿书"，但没过多久，他就因议会反对他继续征收一些进出口税，下令解散了议会。在没有议会的十余年时间里，查理一世对人民进行肆无忌惮地压榨，致使工商业萎缩，工人大量失业，社会怨声载道。

在 1640 年议会重开后，查理一世与议会的矛盾，非但不见缓解，反而越来越激化，终于导致了内战的爆发。这场内战历经数年，最后是国王一方战败、议会一方获胜。1649 年，查理一世因"暴君、叛徒、杀人犯和国家的敌人"的罪名，被判处死刑。随后，议会通过决议，宣布废除君主制，取消上议院，英国成为共和国。

有一种流行的观点认为，英国的这场革命不是阶级革命，而是清教徒革命，因为站在议会一边的人几乎全是信仰清教，站在国王一边的人几乎全是反对清教。应该说，这场革命披上了宗教的外衣不假，但就其性质而言，还是资产阶级革命。且不说清教本身，就是反映资产阶级利益的意识形态，单论革命的结果，最大的得益者还是资产阶级。革命的参加者与革命的性质，不完全是一回事，像中国共产党领导的革命，主要的参加者是农民，但革命的性质不是农民革命，而是无产阶级革命。

可惜的是，英国的共和制在勉强维持了十余年后，就因查理二世的复辟而结束了。查理二世的宗教态度暧昧，在任期间颁布"信教自由宣言"，准备以信仰自由的名义，恢复基督教旧教的地位。1685 年，查理二世去世，其弟詹姆士二世继位。詹姆士二世是一个虔诚的旧教徒，他违背关于禁止旧教徒出任公职的法律规定，任命旧教徒到军队、政府部门和大学担任要职。议会担心詹姆士二世的倒行逆施，会危及自身的利益，于是密谋发动政变，决心推翻詹姆士二世的统治。

1688 年，议会决定迎立詹姆士二世的女儿玛丽和女婿荷兰执政威廉为国王。于是，威廉率领一万多人的军队，在英国海岸登陆，直奔伦敦。詹姆士二世众叛亲离，被迫逃往法国。这次不流血的政权更迭，保存了资产阶级革命的成果，后来被赋予了一个好听的名字，叫做"光荣革命"。实际上，它"既非光荣，又非革命"，明明是一次发生在家庭成员间的不光荣的政变。

随后，议会于 1689 年通过了"权利法案"，1701 年又通过了"王位继承法"。这两部法律规定，英国国王必须是新教徒，议会必须定期召开会议，内政外交的大权归议会掌握，国王在议会的同意下行使权力，国王无权废止法律，甚至连王位的继承都不能决定。其结果就是，国王保留了王位，只是变成了统而不治的"虚君"；议会获得了实权，达到了"共和"本来的成效。这样，一个有了面子，一个有了里子，合在一块，就是"虚君共和"。

英国实行"虚君共和"，对下一步资本主义的发展和工业革命的发生，起到了有力的促进作用。

第七章　启蒙运动

西欧国家的思想解放运动，是一个循序渐进的过程。在"人进神退"方面，文艺复兴是迈出了第一步，既没有反对神，也没有反对作为神的代表的教会；宗教改革是迈出了第二步，反对作为神的代表的教会；启蒙运动则是迈出了第三步，将反对的矛头直接指向神了。

理性的呼唤

什么是启蒙？顾名思义，"启"的意思是开启，"蒙"的意思是蒙昧，所以，启蒙就是开启人的蒙昧，或者说让人脱离蒙昧。

启蒙作为一场运动，如火如荼地展开，是在十八世纪的法国。在启蒙运动中，涌现出来的天才人物灿若星河，虽然他们的思想主张不尽相同，但秉持的宗旨完全一样，那就是呼唤人的理性。

所谓理性，就是运用人的逻辑思维能力，对事物之间的因果关系进行分析。比如，天空为什么是蓝色的，动物为什么会长得千奇百怪，人们为什么要听国王的话，过去只要轻描淡写地说，这是上帝的安排，或君权神授就可以了。现在再这样说，就糊弄不过去了，因为经不住人的理性的检验。

有人也许会有疑问：这不是再正常不过的事吗，还用得着呼唤吗？现在确实是用不着，可当时的情况不是这样，因为人的逻辑思维能力被遮蔽了，使得人不敢思考、不会思考。用德国哲学家康德的话说，这叫"不成熟状态"，"不经别人的引导，就对运用自己的理智无能为力"。所以，他才作出这样的概括："启蒙运动就是人类脱离自己所加之于自己的不成熟状态"；"要有勇气运用你自己的理智！这就是启蒙运动的口号。"

启蒙运动的理性主张，不但适用于自然界，也适用于人类社会；不但适用于认识世界，也适用于改造世界。比如，作为启蒙运动主将的伏尔泰，就斥责基督教的教士们："你们曾经利用过无知、迷信、疯狂的时代，来剥夺我们的地产，把我们践踏在你们的脚下，用苦命人的脂膏把自己养得肥头胖耳。现在你们发抖吧，理性的日子来到了！"同样作为启蒙运动主将的狄德罗，则大声疾呼："应当毫无例外地大胆地检查一切，动摇一切，应当把所有这些空洞无益的幼稚的东西踏在脚下，把不是理性设置的障碍物统统推倒，给科学和艺术以对它们十分珍贵的自由。"对此，恩格斯评价道："他们不承认任何外界的权威，不管这些权威是什么样的。

宗教、自然观、社会、国家制度，一切都受到了最无情的批判；一切都必须在理性的法庭面前为自己的存在作辩护或者放弃存在的权利。"

需要说明的是，启蒙运动呼唤人的理性，并不是说经过启蒙运动的呼唤，人才有了理性。因为人的理性与生俱来，天生就能用脑子思考问题，天生遇事就喜欢问个为什么，这是即便想根除也根除不了的。所以，人的理性不是有无问题，而是多少问题，启蒙运动只不过是恢复了人的理性程度而已。

不仅如此，人的理性程度恢复也不全是启蒙运动的功劳。文艺复兴使人有了相对于神的独立人格，这本身就意味着人的理性恢复了一部分；宗教改革使人有了摆脱教会的独立信仰，这本身就意味着人的理性又恢复了一部分。启蒙运动只不过是在此基础之上，为人彻底地摆脱神后的独立思考，为人的理性的全部恢复，打了一场决战而已。

理性的指向

启蒙运动力求打造的"理性王国"，"大胆地检查一切，动摇一切"，虽然貌似包罗万象，但矛头所指十分明确，那就是人们普遍信奉的基督教，及其与基督教存在着密切联系的专制王权。

在启蒙运动以前，人的理性已经取得了长足进步，只是距离挣脱基督教的束缚，尚差最后一公里。在这方面，英国科学家牛顿的表现，可以说十分典型。牛顿在天文学、力学、光学和数学等领域，均做出了开创性的贡献，理性不可谓不强。但就是这位理性超强的牛顿，却把世界的丰富性和规律性，最终归功于上帝的精心安排。他说："毫无疑问，我们所看到的这个世界，其中各种形式是如此绚丽多彩，各种运动是如此错综复杂，它不是别的，而只能出于指导和主宰万物的上帝的自由意志。""只有在科学工作里揭示和发现上帝对万物的最聪明和最巧妙的安排，以及最终的原因，才对上帝有所认识。"

到启蒙运动时期，就把这最后一公里走完了。启蒙运动的一众主将，对基督教极尽讽刺挖苦之能事，再也不受基督教的束缚了。

比如，大家知道《圣经》中，有一个诺亚方舟的故事，说的是上帝指示诺亚，要建造一艘方舟，以便洪灾来临时，诺亚能带着家人和各种动物，乘上方舟避灾。在启蒙运动时期编写的百科全书，就以貌似严肃的调侃口吻，通过一连串的逻辑推理，直指这个故事的荒谬：诺亚方舟有多大呢？一定很大很大。它必须容纳不只欧洲所有成双成对的动物，连世上其它品种的动物也得在船上。而且不只是动物，方舟里必须装载许多饲料，动物才能存活。两只绵羊不可能足够；要养活那对狮子势必得有数百只绵羊。这艘船一定非常巨大，《圣经》却说只要四人就能操控。这些人想必是力大无穷、三头六臂！

这种调侃还算客气的，有些人直接就进行人身攻击了。比如，伏尔泰把上帝说成是"第一个傻子所遇见的第一个骗子"；霍尔巴赫指责上帝是"一个独夫，一个民贼，一个什么都能干得出的暴君"；梅叶虽然担任教职，但他坦承自己"从来不是一个有宗教信念的人"，因为宗教是"先由奸滑狡诈的阴谋家虚构出来，继而由伪预言家、骗子和江湖术士予以渲染扩大，而后由无知无识的人盲目地加以信奉，最后由世俗的国王和权贵用法律加以维持和巩固"。

专制王权用法律维护基督教，是因为能够借此宣扬君权神授，使得人们由信服上帝，转而信服国王，心甘情愿地接受国王的统治。对此，卢梭提出了天赋人权的理论，予以针锋相对地驳斥。在他看来，人生而平等，从来没有什么神授的特权。卢梭主张建立人民主权，也就是人民当家作主，人民根据自身的利益来订立社会契约，以此体现公共意志，这属于国家的最高权力。

梅叶则打了个比方，说基督教与专制王权"情投意合，像两个小偷一样，互相庇护支持"，"宗教甚至支持最坏的政府，而政府也同样庇护最荒谬、最愚蠢的宗教"。面对基督教与专制王权的这种勾连，有人甚至气愤地说出了一句咒语："我希望看到最后一个国王被最后一个神父的肠子给绞死。"

启蒙运动的理性主张，归根结底，主要反映的是资产阶级的利益和诉求。因此，启蒙运动最直接的历史作用，就是为 1789 年法国资产阶级大革命的爆发，作了思想和舆论上的准备。

第八章　工业革命

英国十八世纪后期发生的工业革命，是人类历史上划时代的重大事件。虽然这个事件过去二百多年了，但人们依然怀着浓厚的兴趣，不停地探究它的来龙去脉，迄今积累下来的相关文献，已经是汗牛充栋。在这里，我们力争用一个简明的逻辑，把工业革命发生的大致框架，梳理和解释清楚。

机器取代人力

英国发生的工业革命，之所以能叫革命，就是因为在工业技术上，发生了根本性的变化。这种变化以机械化为标志，用机器生产取代了手工劳动。

在各式各样的机器中，最具代表性的就是瓦特改进的蒸汽机。

1736 年，瓦特出生于英国苏格兰的格里诺克。他十几岁到伦敦当学徒，学习仪器修理和制造。1757 年，瓦特在苏格兰的格拉斯哥大学，谋得一个仪器修理和制造方面的对口职位。随后，他一边向大学里的教授学习物理学，一边做改进蒸汽机的实验。瓦特先是得到了钢铁厂厂主约翰·罗巴克的资金支持，在钢铁厂陷入困境后，他又转而和生产小金属制品的工厂主马修·博尔顿合作。

与马修·博尔顿的合作，不但让瓦特得到了充裕的资金支持，而且还得到了实验设备和加工工艺等方面的帮助。马修·博尔顿在写给瓦特的信中说："我将为发动机的竣工创造一切必要的条件，我们将向全世界提供各种规格的发动机。您需要一位'助产士'来减轻负担，并且把您的产儿介绍给全世界。"

英国传记作家珍妮·尤格罗说："马修·博尔顿和詹姆斯·瓦特有着完全不同的性格。两人能够走到一起是工业历史上最令人难以置信的一页。詹姆斯·瓦特心思细腻，做事动作迟缓并且非常容易焦虑。他常常会灰心丧气。他会将工作放到一边，感觉好像要彻底放弃了。与他形成鲜明对比的是，马修·博尔顿热情洋溢，生气勃勃，与人相处得很好，总是很乐观。当瓦特说：'不会起作用的。'博尔顿会说：'当然会成功的，只要再试一下就行。'"

在两人的通力合作下，经过一次又一次地不断改进，第一批新型蒸汽机终于在 1776 年制造成功，并投入使用到实际生产过程中。从此之后，采矿业、交通运输业、造纸业等许多行业部门，都纷纷采用新型蒸汽机作为动力。瓦特作为新型蒸汽机的发明人，受到社会各界的广泛尊崇，并入选英国皇家学会。后世为了纪念他的伟大贡献，将功率的单位命名为"瓦特"。

当然，英国的工业革命，并不是始于瓦特改进蒸汽机，而是始于更早寻求技术突破的棉纺织业。1751 年，英国皇家学会悬赏"发明一架出色的能同时纺 6 根棉纱或麻线，而只需一人照管的机器"。1765 年前后，作为纺织工的哈格里夫斯，有一次不小心把纺车弄翻了。他发现翻倒的纺车，依然在转动，只是原先横着的纱锭变成竖立的了。哈格里夫斯猛然想到，如果把几根纱锭都竖着排列，不就可以纺出更多的纱了吗？他马上着手尝试，经过一番努力，能够安装八根纱锭的纺纱机诞生了，这就是人们熟知的珍妮纺纱机。

继哈格里夫斯之后，剃头匠出身的阿克莱特发明了水力纺纱机。作为纺织工的克隆普顿，将珍妮纺纱机和水力纺纱机的优点组合到一块，又发明了走锭精纺机。这就是人们俗称的"骡机"，意为通过杂交而来。"骡机"纺出的纱，又结实又精细，再加上牧师卡特莱特制造出来的水力织布机的配合，棉纺织业的面貌彻底改观了。

在冶金业方面，焦炭炼铁法取代了木炭炼铁法，不但保证了铁的优良品质，而且还解决了木炭短缺的难题；坩埚炼钢法的发明，解决了火炉温度不够高的难题，炼出的钢的质地相当过硬。铁和钢作为重要的工业原料，它们的质量与产量的提高，直接推动了许多行业部门的发展和进步。

英国发生的这场工业革命，一直持续到十九世纪中期才结束。1850 年时，英国的工业产值已经占到了世界工业总产值的 39%，特别是棉布和铁的产量都已经占到了世界总产量的 50% 以上，煤产量已经占到了世界总产量的 60.2%，已经建成通车的铁路长度达一万公里左右。

1851 年 5 月 1 日，来自世界许多国家的代表，齐聚英国伦敦的水晶宫，出席一场声势浩大的万国博览会。这场博览会主要展出的是英国生产的工业产品，旨在向世界炫耀英国工业革命的成果，凸显英国世界工厂的地位。面对琳琅满目的展品，英国的维多利亚女王难掩兴奋之情，一遍又一遍地念叨：荣光、荣光、无尽的荣光。

"四位一体"的原因

工业革命为什么会发生在英国，长期以来一直是众说纷纭。归结起来，肯定不会出乎钱、政策、伦理和人的"四位一体"框架。这四个方面的原因由表及里，缺一不可。

首先是钱。搞发明是个"烧钱"的活，买仪器和设备需要钱，买材料和工具需要钱，一遍遍地实验就意味着一次次地投钱。人们往往容易注意到，将发明成果商用后挣了多少钱，而很少去注意搞发明花了多少钱，更不会去注意搞发明失败后，有多少钱打了水漂。要知道，人们搞发明，一百个项目中可能有九十五个都会失败，成功的可能只有区区五项；在这五项之中，可能又有四项没有商业价值，只剩下一项可以用于市场开发。这样算下来，真可谓是"一将功成万骨枯"。

在工业革命的过程中，英国的各行各业，涌现出了一大堆的发明。这些发明都是拿钱砸出来的，再算上发明失败和没有商业价值的发明，砸的钱就更多了。至于搞发明砸的钱，究竟是来源于自己做生意的积累，还是来源于别人的好心出借或赞助，甚至是来源于银行贷款或政府支持，一概不重要，重要的是英国反正要有钱。

其次是政策，也就是"重工"的政策。当重商主义的经济主张，由卖别的国家的东西，转为卖自己国家的东西时，就会自然而然地开始"重工"。

重视工业，并不意味着商业就不重要了，因为没有商业的繁荣，工业生产出来的东西卖不了，那重视工业就等于无的放矢，没有什么意义了。

"重工"的政策主张很多，比如，英国"重工"的代表人物托马斯·孟，就从发展国际贸易的角度出发，提出增加人口。因为从事工业生产的人数越多，生产出来的东西就越多，可供出口的东西也就越多。托马斯·孟指出，"在人数众多和技艺高超的地方，一定是商业繁盛和国家富庶的"。在工业生产的潜力方面，英国的人口规模优势，确实是小国寡民的荷兰，无论如何都不能相比的。

又如，英国重视对发明的专利保护，是世界公认的最早实行现代专利政策的国家。这项政策至关重要，因为如果一个人砸了很多钱、费了很大劲，才搞出来的发明，结果自己还没有从中捞到多少好处，就轻易被别人白白地拿去使用了，那还有谁会愿意搞发明呢？美国的林肯总统，说过一句话："专利制度就是将利益的燃料添加到天才之火上。"如果没有了燃料，火是烧不起来的。

1624 年，英国制定了《垄断法案》，这是世界上第一部具有现代意义的专利法。该法规定，技术发明的保护期限是十四年。凡新创造发明，在保护期限内，未经专利权人允许，任何人不得使用这种技术，生产和销售相关的产品，违者将受到严厉的经济和法律制裁。德国学者马克斯·韦伯，在《世界经济史纲》一书中评价，如果没有"包括现代法令的一切主要规定在内"的英国专利法，"在 18 世纪纺织工业领域内，那么多对资本主义发展具有决定性的创造发明就没有出现的可能"。

再次是伦理，也就是新教的伦理，出于赚钱的天职，人们热衷发明，社会崇尚发明。一个人搞发明，如果他的内心充满负罪感，社会对他冷眼相待，那他搞发明的动力就会减小；相反，如果他的内心充满成就感，社会对他刮目相看，那他搞发明的动力就会增大。新教伦理的心理影响，看不见摸不着，但却实实在在地发挥着作用。

最后是人。革命是人的革命，发明是人的发明，如果人的思考能力不行，脑子转不过弯来，哪怕外部条件再好，统统都是白搭。从文艺复兴、宗教改革到启蒙运动，从独立人格、独立信仰到独立思考，人的理性一步步地恢复。虽然说启蒙运动对英国的影响有限，英国并没有彻底地摆脱神的束缚，但人的理性增强是毋庸置疑的。正是在人的理性增强的基础之上，作为本事大、知识多、智商高的发明家，才有可能在芸芸众生中脱颖而出，成为推动工业革命的中坚力量。

我们说，英国发生的工业革命，是此前发生在西欧各国的一连串的历史性事件，所修成的正果。

如果用这个"四位一体"的框架来套，英国有钱肯定和国内外市场大、营商环境好直接相关，这就与反封建、大航海和走向共和联系起来了；英国的"重工"政策是重商主义的产物，这就与文艺复兴联系起来了；英国的新教伦理有利于创造发明，这就与宗教改革联系起来了；英国有人才是建立在思考能力恢复的理性之上，这就与思想解放，尤其是启蒙运动联系起来了。虽然有这一连串的历史性事件做铺垫，英国不一定就会发生工业革命，因为甭管社会上的什么事，都存在一个运气的问题；但没有这一连串的历史性事件做铺垫，英国一定就不会发生工业革命，应该还是基本成立的。

进一步说，这个"四位一体"的框架，既然能用来分析英国发生工业革命的原因，也就能用来分析其他西欧国家没有发生工业革命的原因，像西班牙、葡萄牙和荷兰，单是没有实行"重工"政策这一个方面，就把这些国家否了；还能用来分析英国以后没再引领工业革命的原因，像十九世纪后期发生的以电气化为标志的第二次工业革命、二十世纪中期发生的以信息化为标志的第三次工业革命，都是由美国引领，究其原因，虽然美国的政策和伦理与英国差不多，但国家的规模比英国大，这样自然就钱多、人多，特别是美国从欧洲乃至全球选拔人才，相比于英国从国内选拔人才，优势简直是太明显了。

再进一步说，这个"四位一体"的框架的应用范围，甚至还能继续推广。比如，为什么有些地方和单位的科技创新能力就强，有些地方和单位的科技创新能力就弱？肯定是因为后者在钱、政策、伦理和人这四个方面，至少有一个方面，与前者存在比较大的差距。人们也许会问，既然知道存在比较大的差距，那后者复制一下，不就行了吗？问题是有的方面能复制，像钱和政策属于摆在明面上的东西，很容易就复制过来了。而伦理扎根在人的心里，很难复制过来。当然，最难复制的是人，像树上落下的苹果，砸到牛顿头上，牛顿就发现了万有引力定律；砸到别人头上，哪怕砸一千次、一万次，也是白砸。

英国发生工业革命，意味着人类社会开始步入工业化时代。西方世界由于顺应时代潮流、相继发生工业革命，一跃而成为先进国家；非西方世界由于没跟上时代潮流、没发生工业革命，一下子沦为落后国家。这种先进与落后的差别是致命的，从此西方世界能够横行无阻，非西方世界只能任人宰割，人类历史就这样被彻底地改写了。

中篇

中华帝国的衰落

大 国 的 兴 衰 之 道

　　英国学者李约瑟，提出过一个谜题：中国古代科技水平长期领先，为什么工业革命没有发源于中国？其实，解开这个"李约瑟之谜"并不难，用钱、政策、伦理和人的"四位一体"框架来分析：中国是个大国，自秦以来就是大一统，相对于西方世界，钱不会是问题；中国文化是世俗文化，相对于西方世界的宗教文化，最起码不用经历"人进神退"的痛苦蜕变，人的理性不会是问题；真正的问题是，当西方世界的政策和伦理，由抑商转为重商时，中国依然保持抑商的传统不变，抑商也就意味着"抑工"，与西方世界的"重工"相比高下立判，当然工业革命也就无从谈起了。

第九章　文化的优势

有些人在作中西对比时，喜欢将中国落后的原因，归咎于传统文化。这属于大错特错！中华传统文化相对于西欧中世纪的基督教文化，非但没有劣势，反而有优势，甚至可以说是压倒性优势。

理想的儒家

春秋战国时期，先秦诸子百家争鸣，奠定了中华文化的根基。其中，对后世影响最大的，当数儒家和法家。

儒家从人性善的认定出发，奉行理想主义的为政之道，最为核心的主张是"内圣外王"。所谓"内圣"，就是修身，修道德学问，因为"人皆可以为尧舜"；所谓"外王"，就是政治实践，齐家治国平天下。用通俗的话来说，就是先做好人，再做好官。

何谓好人好官，儒家提供了一大堆的说法。不过，这一大堆的说法，遵循的是同一个原则，那就是服务君主、摆平他人。

服务君主，就是君本位，主要围绕着君主转。在诸子百家中，儒家能够脱颖而出，赢得"独尊"地位，而且历经那么多的朝代屹立不倒，肯定是有原因的。这个原因，就是有利于君主的长久统治。对此，学者苏渊雷在《孔学判摄》一文中，说得十分明白："惟独孔学，严等差，贵秩序，与人民言服从，与君主言仁政，以宗法为维系社会之手段，而达巩固君权之目的，此对当时现实社会，最为合拍；帝王驭民之策，殆莫善于此，狡猾者遂窃取而利用之，以宰制天下。"

苏渊雷所说的宗法为君权服务，指的是家国同构。中国的老话说，"积家而成国"，"国之本在家"，因此，家和国是相通的。儒家认为，父子关系等同于君臣关系，所以，君叫君父、臣叫臣子，子对父的孝可以转化为臣对君的忠，进而天下太平。用《论语》中，孔门弟子有子的话说："其为人也孝弟，而好犯上者，鲜矣；不好犯上，而好作乱者，未之有也。"

与家国同构相关的，还有天人合一，指的是天和人的相通。儒家认为，天上的道理和人间的道理是一样的，《孟子》就引述孔子的话说，"天无二日，民无二王"。不仅如此，天人之间还发生联系和感应。董仲舒指出："受命之君，天意之所予也。故号为天子者，宜视天如父，事天以孝道也。"这样，天子受命于天，君主的权威性加强了。但与此同时，董仲舒又给君主戴上了紧箍咒："天之生民非为王也，而天立王以为民也。故其德足以安乐民者，天予之；其恶足以贼害民者，天夺之。""帝王之将兴也，其美祥亦先见；其将亡也，妖孽亦先见。"董仲舒的这套说辞，用他自己的话总结，叫做"屈民而伸君，屈君而伸天"。

摆平他人，主要就是摆平大臣和民众。关于君臣关系，人们首先想到的，可能是"君为臣纲"、"君要臣死，臣不得不死"之类，这是君臣不对等的一面。除此之外，君臣还有对等的一面，比如孔子说："所谓大臣者，以道事君，不可则止"；"君使臣以礼，臣事君以忠"。到了孟子那里，就变成了"君之视臣如手足，则臣视君如腹心；君之视臣如犬马，则臣视君如国人；君之视臣如土芥，则臣视君如寇仇"。在君臣关系中，君处于绝对的主导地位，由此，孔子和孟子说的这些话，落到现实层面时，势必会大打折扣。但无论如何，毕竟还是会对君有所约束，对臣有所保护。

关于君民关系，儒家倡导仁政，倡导"以德服人"的王道政治。究其原因，用《荀子》中的话说就是，"君者，舟也；庶人者，水也。水则载舟，水则覆舟。"孟子说得更清楚："桀纣之失天下也，失其民也；失其民者，失其心也。得天下有道：得其民，斯得天下矣。得其民有道：得其心，斯得民矣。得其心有道：所欲与之聚之，所恶勿施尔也。"在此基础上，孟子甚至提出了"民为贵，社稷次之，君为轻"的次序。对于这样的次序，民众听起来很受用，只是听听就好，千万别当真。这当中蕴含的道理，就与有的企业家宣扬"坚持客户第一、员工第二、股东第三"一样，真可谓用心良苦！

齐景公问政于孔子，孔子回答"君君、臣臣、父父、子子"，也就是君要像君、臣要像臣、父要像父、子要像子，人都要有与自己的名分相符的样子。这个由明君、贤臣、顺民组成的和谐社会，就是儒家心目中的理想社会图景。

现实的法家

法家从人性恶的认定出发，奉行现实主义的为政之道，最为核心的主张是"法、术、势"。与儒家的主张可以摆到桌面上，既能做又能说不同，法家的主张不好摆到桌面上，只能做不能说，最起码不适合大声嚷嚷。

虽然法家与儒家一样是君本位，但君本位的程度要强得多，完全围绕着君主转，根本不顾及他人。所以，法家主张的"法、术、势"，只是为君主一个人出谋划策。

所谓"法"，就是王法，把赏和罚的规矩立起来。法家把法看得很重，就像商鞅指出的那样，"法也者，民之命也，为治之本也"。法的内容无非是赏和罚，韩非称之为"二柄"，也就是两个抓手，用今天的话说，就是恩威并施，或者胡萝卜加大棒。韩非主张，不但要两手抓，而且两手都要硬，"赏莫如厚而信，使民利之；罚莫如重而必，使民畏之"。赏和罚要起到应有的作用，前提是人们事先都知道，所以，韩非又加上一条，"法莫如一而固，使民知之"。

汉语中有一个成语，叫做"徙木立信"，说的就是商鞅变法的故事。商鞅要在秦国变法，唯恐人们不相信新法。于是，他在国都市南门，立一根三丈长的木杆，说谁能把它移到北门去就给十金。人们都感到奇怪，没敢过去移的。商鞅又说，谁能移就给五十金。有一人过去移了，商鞅履行承诺，真地给了他五十金。这样，商鞅就把新法的威信树立起来了。

法家为了树立法的威信，还主张法律面前人人平等，当然作为王法，只有君主被排除在外。商鞅主张"刑无等级"，"自卿相将军以至于大夫庶人"，都一视同仁。韩非也主张"法不阿贵"，"刑过不避大臣，赏善不遗匹夫"。像商鞅就把罚的规矩，用到了犯法的太子头上——"太子，君嗣也，不可施刑，刑其傅公子虔，黥其师公孙贾"。结果，太子继位后报复商鞅，将商鞅处以车裂的极刑。

所谓"术"，就是权术，以使君主把群臣玩弄于股掌之间。韩非解释："术者，藏之于胸中，以偶众端而潜御群臣者也。"也就是说，术与法不一样，不能让人知道，以便汇总各方面的情况，暗地里驾驭群臣。

具体地说，韩非列出了"七术"："一曰众端参观，二曰必罚明威，三曰信赏尽能，四曰一听责下，五曰疑诏诡使，六曰挟知而问，七曰倒言反事。"其中，"众端参观"（从各方面验证大臣的言行）、

"一听责下"（逐一听取大臣的意见，督促他们行动），讲的是君主如何从大臣那里，了解到实际情况；"必罚明威"（罪臣必罚以显示君主的威严）、"信赏尽能"（功臣必赏以使其竭尽才能），讲的是必须赏罚严明，这样大臣才会死心塌地为君主效劳；"疑诏诡使"（传出可疑的诏令，使用诡计）、"挟知而问"（明知故问）、"倒言反事"（故意说反话、做反事），讲的是君主如何测试大臣的忠诚与否。

所谓"势"，就是权势，实行"以力服人"的霸道政治。韩非指出："势者，胜众之资也。"在他看来，君主如果没有力量，不掌握臣民生杀予夺的大权，那就失去了统治天下的资本。假设尧是一个普通人，他就连三个人都管不了；桀是天子，他就能祸害天下所有的人，所以圣贤不值得羡慕，还是权势更加可靠。

《韩非子》中还打了一个比方，飞龙和腾蛇能够在高空飞行，是因为它们腾云驾雾。一旦云开雾散，飞龙和腾蛇落到地上，就与蚯蚓和蚂蚁一样了，因为失去了飞行的凭借。同理，君主应该"不养恩爱之心，而增威严之势"，以便号令天下，使臣民屈服，否则就是形同虚设。

韩非认为，"法、术、势"三者，"不可一无，皆帝王之具也"。那么，它们之间是什么关系呢？

一方面，"法、术、势"有共同点，都是建立在人与人之间利害关系的基础上。在韩非看来，"夫安利者就之，危害者去之，此人之情也。"造车子的希望人富裕，造棺材的希望人早死，并不是造车子的心肠好，造棺材的心肠坏，而是利益使然。君臣关系也是如此，"主卖官爵，臣卖智力"，"君臣之际，非父子之亲也，计数之所出也"。甚至连家庭内部都是如此，"产男则相贺，产女则杀之。……

虑其后便，计之长利也。故父母之于子女也，犹用计算之心以相待，而况无父母之泽乎！"

另一方面，"法、术、势"的侧重点不同，通过相互间的协调和配合，共同发挥作用。其中，"势"是前提和基础。"法"人人都会制定，"术"人人都会采用，为什么它们单单成为君主的工具呢？原因无他，就是君主有位，有位就有"势"。而"法"和"术"，则是一明一暗、一死一活、一硬一软，正好优势互补。当然，"法"和"术"用好了，还可以进一步强化"势"。拿鸟打个比方，"势"就像是鸟的身体，"法"和"术"就像是鸟身体上长出的两只翅膀，"法、术、势"合起来就像是鸟的"一体两翼"。

总而言之一句话，法家想要建立的社会，就是一个人与人之间相互算计，最终都被君主算计的功利社会。

儒法互补

关于儒家和法家的关系，历来有各种各样的提法，包括儒表法里、阳儒阴法、外儒内法，等等。这些提法流传甚广，可惜都不是太确切，容易让人产生误解，似乎是说一套、做一套。所以，比较妥当的提法应该是儒法互补。汉宣帝指出，"汉家自有制度，本以霸王道杂之"。实际上，不仅仅是汉朝如此，汉朝以后的历朝历代均是如此。

第一个问题，儒家和法家为什么能够互补？答案是，因为人性本善，所以儒家的理想主义是管用的；因为人出于趋利避害的考虑可能作恶，所以法家的现实主义也是管用的。儒家和法家的互补，或者说理想主义和现实主义的互补，永远都不会过时，而且是古今中外都适用。

儒家宣扬理想，涉及的利害关系不大时，确实管用；利害关系一旦变大，那就要另说了。对此，韩非看得很清楚，"千金之家，其子不仁，人之急利甚也"；齐国的公子小白，也就是后来的齐桓公，"争国而杀其兄，其利大也"。豪门是非多，最是无情帝王家，不是因为豪门和帝王家的人道德低下，而是因为利益大到了无法抵御的地步。

法家强调利害，一旦强调得过了头，就会变得荒谬。韩非说："若此臣，不畏重诛，不利重赏，不可以罚禁也，不可以赏使也，此之谓无益之臣也。"也就是说，如果大臣对重罚不害怕，对重赏不动心，赏和罚的"二柄"失效，那就不能为君主所用，变成了无益之臣。照韩非的这种逻辑，文官不爱钱，武官不怕死，就不是优点而是缺点了，简直是匪夷所思！

第二个问题，儒家和法家，哪家更高明？答案是，儒家更高明，因为法家的世故是浮在表面，杀人会见血；儒家的世故则是深入骨髓，杀人不见血。当然，我们这里所说的"杀人"只是比喻，而且没有贬义。

《史记·郦生陆贾列传》记载：陆生时时前说称《诗》、《书》。高帝骂之曰："乃公居马上而得之，安事《诗》、《书》！"陆生曰："居马上得之，宁可以马上治之乎？且汤武逆取而以顺守之，文武并用，长久之术也。昔者吴王夫差、智伯极武而亡；秦任刑法不变，卒灭赵氏。乡使秦已并天下，行仁义，法先圣，陛下安得而有之？"

这段记载的意思是说：陆贾经常在刘邦面前谈论《诗》、《书》，刘邦骂道："你老子是在马上得天下，哪里用得着《诗》、《书》！"陆贾说："马上得天下，难道可以马上治天下吗？商汤、周武王靠逆取夺权后，顺应形势守成，文武并用，才是长治久安之术。从前吴王夫差、智伯，因为穷兵黩武而灭亡；秦朝一味实行严刑峻法，不知道变更，结果自取灭亡。假使秦国吞并天下后，推行仁义，效仿先圣，陛下怎能得到和拥有天下呢？"

陆贾的这段话，说得极其深刻，得天下与坐天下的道理是不同的。得民心者未必得天下，最典型的就是蒙古人和满人入主中原，建立元朝和清朝，显然不是因为得民心，而是因为武力强。但失民心者一定失天下，最典型的就是秦朝，得天下后依然沿用法家治国，只重武功不重文治，只重利害不重教化，这就相当于人失去了免疫功能，非常容易生病，加之生病后下药不准，或吃药不及时，小病变成大病、多病，结果很快就灭亡了。

第三个问题，儒家和法家怎样互补，或者说，哪家为主、哪家为辅？答案是，儒家为主、法家为辅，也就是人们常说的"德主刑辅"。

儒家比法家高明，儒家可以称为治道，法家只能称为治术，这样，儒法互补就变成了道术互补。道与术不在一个层次，比术起的作用要大，当然就是儒家为主、法家为辅。

有人可能提出异议说，不对，嘴上说的是儒家，实际做起来却是法家，"百代都行秦政法"。所以，真正起作用的不是儒家，而是法家。这种看法无异于说，儒家只是教给人们一套谎言，历朝历代的士人都是靠说谎活着的，选拔官员就是看谁说谎水平高，说谎水平越高越能当大官。如果事实果真如此，那中国历史上涌现出来的众多仁人志士，就得不到解释了。退一步说，即便儒家培养出了一些伪君子，满嘴的仁义道德，满肚子的男盗女娼，那也总比法家培养出的真小人好。伪君子最起码知道是非，做坏事时会有心理负担，而真小人连做坏事都是理直气壮。像赵高指鹿为马的故事发生在秦朝，绝对不是偶然的。

理性的差距

中国的儒家和法家主张君本位，西欧中世纪的基督教文化主张神本位，这是中西方文化的根本区别。由这个根本区别，衍生出一个根本差距，那就是中西方理性程度的差距，中国人的理性程度远远地超过西方人。

儒家文化作为中华传统文化的主流，不是无神论，而是对神存而不论。《论语》中说，"子不语怪、力、乱、神"，"敬鬼神而远之"，"未能事人，焉能事鬼"。接下来的问题是，虽然儒家不谈神，但是谈天，那天算不算神呢？尤其是儒家讲的天子受命于天，已经与西方世界讲的君权神授，几乎没有什么差别了。实际上，天就算是神，也不过是众神中的一个，而中国的神实在是太多了，山有山神，水有龙王，门有门神，灶有灶君，动植物图腾是神，关羽、妈祖是神，连各家各户的祖先都是神。神一旦多了，每个神的权威性就下降了，天自然也不会例外，这完全不同于西方世界，只围绕着上帝这一个神转。

从人类社会早期的自然演化来看，多神信仰实属正常，一神信仰反而不正常。那么，西方世界的基督教信仰，究竟是怎么来的呢？

我们从周围环境中不难观察到，如果一个人的日子过得好好的，工作生活各方面都很顺利，他不会信仰宗教。只有在他遭遇了不幸，工作出现了重大挫折，或生活发生了重大变故时，才会信仰宗教。这当中的道理在于，一个人遭遇不幸后，会导致心理失衡，自己摆不平自己的内心了，有寻求心理安慰的强烈需要；而宗教提供的一整套说辞，又恰好能在知识层面将他罩住，让他心服口服，足以提供心理安慰。这样供需一结合，一个人就会由不信教转为信教。

宗教的产生也是同理。作为基督教来源的犹太教，就是犹太人遭遇不幸的产物。早期的犹太人多灾多难，颠沛流离，绝望到看不见一点出路的地步时，就开始奇思妙想了。犹太人幻想出一个万能的上帝来，人间的事情都归上帝安排，上帝想让人过得好就会过得好，想让人过得差就会过得差。犹太人过得差，是因为不敬上帝，罪孽深重，受到了上帝的责罚。犹太人把原因找到了，相对应的出路也就找到了，只要虔诚地信仰上帝，遵照上帝的教导做事，就可以得救了。

在犹太教基础上发展起来的基督教，不过是把得救的希望，由人间变为天国，由肉体变为灵魂。只是天国谁都没有去过，灵魂谁都没有见过，所以到底是不是得救，谁都说不清楚。结果就是信者恒信，不信者恒不信。

基督教在让人得到心理安慰的同时，也给人套上了沉重的枷锁。因为在万能的上帝面前，人的地位太卑微了，这就导致人的理性受到极大的抑制，使得人不敢思考、不会思考。为了打破枷锁，西方世界进行了持久艰苦的努力，文艺复兴、宗教改革和启蒙运动的性质，便是如此。

有人可能会有疑问：从中世纪后期开始，西方世界有那么多的重大科学发现，证明了基督教的一些说辞站不住脚，为什么人们依然信仰基督教呢？其实，这与自己的孩子有那么多的缺点，而在家长的眼里依然是宝贝，道理几乎一模一样。家长对孩子投入了很深的感情，人们对基督教也投入了很深的感情，让人们放弃对基督教的信仰，无异于给人们的身体扒层皮，实在是太难以接受了。况且科学只能证伪基督教的一些说辞，不能证伪的说辞还多得是，人们也就更有理由，继续信仰基督教了。实际上，哪怕走得最远的启蒙运动，也没能终结西方世界的基督教信仰，只是让社会上的一小部分人，变成了无神论者。

总之，中国文化是世俗文化，保持原地不动，就会拥有健全的理性；西方世界是宗教文化，需要走过万水千山，经受一次又一次思想解放运动的冲击，才会拥有健全的理性。中西方文化孰优孰劣，一目了然。

第十章　大一统的优势

自秦朝以后，中国基本上就是一个大一统的专制皇权社会。大虽然有大的难处，但更有大的好处，最起码比西欧封建制下长年不断的战乱，简直是好得太多了。

周代的封建

首先需要说明的是，"封建"一词在我国有两种定义：一种是指地主剥削农民的社会制度，与奴隶主剥削奴隶的奴隶社会、资本家剥削工人的资本主义社会相对应。依照这种定义，我国从战国时期开始，一直到清朝，都属于封建社会。由此，还衍生出了"封建落后"、"封建迷信"、"封建专制"、"封建剥削"等一系列的说法。另一种是指封国土、建诸侯，以周代最为典型，与西欧中世纪的封建制相似。我国原本的"封建"定义只有后一种，前一种定义是到了近代才出现，并很快泛化开来。现在许多学者主张，"封建"一词不可滥用，应该正本清源，只使用后一种定义。虽然这种主张有道理，可以做到名实相符，但是没有太大的必要，因为很多词语的定义都是约定俗成，名实不符的情况非常多，只要不影响理解就行了。

周代为什么要实行封建制呢？这是一个挺有意思的历史话题，从古至今众说纷纭，不过，大的脉络还是清楚的。

周建立之初，面临着三个亟待解决的难题：第一，如何实现对天下的有效统治？周的天下疆域辽阔，如果还像商一样，搞一个松散的联盟，各地的部族加盟，由周做盟主，那是很难稳定下来的。因为这些加盟的部族，实行完全的自治，今天见你实力强就表示臣服，明天见你实力弱可能就反了，很不靠谱。夏和商的灭亡，均与此有关。

第二，如何防止商的复辟？在周武王伐纣，商纣王兵败自焚之后，商的遗民的势力依然很大。对于这些商的遗民，周公建议"使各居其宅，田其田，无变旧新，惟仁是亲"，周武王表示认可，于是委任商纣王的儿子武庚，接续商的祭祀，管理商的遗民。没承想，周武王一去世，武庚就发动叛乱。虽然叛乱最终被周公平定，武庚也被杀害，但数量庞大的商的遗民，始终是周的心头之患。

第三，如何摆平宗室和功臣？与武庚一起发动叛乱的，还有周武王的两个弟弟管叔、蔡叔，所以历史上把这次叛乱，称为"管蔡之乱"。管叔、蔡叔之所以参与叛乱，是因为怀疑负有辅佐周成王重任的周公大权独揽，会"不利于成王"。说到底，就是对周公以周天子的名义垄断权力不服气，担心没有自己说话的份了。功臣的心理与宗室类似，天下是我们拼死拼活一起打下来的，凭什么坐天下的时候，就没有我们的份了呢？

为了解决这三个难题，具有周代特色的封建制便出笼了。周天子把国都附近的地区划为王畿，由王室直接管辖。王畿以外的广大地区，分封给许多诸侯，各自建国。封建制并非周代首创，只是与以往相比，心思更加缜密、做法更加成熟了。

中国有句老话，"打仗亲兄弟，上阵父子兵"，坐天下的道理也是一样。不管怎么说，还是自家兄弟更靠谱，最起码比直接委任当地人做国君，让人放心多了。特别是边防前线和战略要地，更是没得商量，必须是自家兄弟镇守。据《荀子》讲，周初"立七十一国，姬姓独居五十三人"，剩下的少数才轮到功臣，以及神农、黄帝和尧舜禹等先圣王之后。究其原因，就是抵御外界侵扰，"莫如亲亲，故以亲屏周"。如此一来，实现对天下的有效统治的难题就解决了。

诸侯带着一帮子人，去各自的封地建国，不是说想带谁就带谁，而是分配有任务，要带着商的遗民一起去。比如，鲁国分得六族，包括条氏、徐氏、萧氏、索氏、长勺氏、尾勺氏，等等。如此一来，商的遗民被分化瓦解，疏散到天下各地，再无重新汇聚的可能，防止商的复辟的难题就解决了。

周天子是天下共主，而诸侯只是一国之君，要承担守卫疆土、捍卫王室、缴纳贡税、朝觐述职等义务。诸侯的义务看似不少，但享有的权力更多。《左传》中说，"昔周公吊二叔之不咸，故封建亲戚，以蕃屏周。"这说明，周代实行封建制，是吸取了"管蔡之乱"的教训，所以，要让宗室各占一块地盘，高度自治，还能世代传承，功臣的情况也是同理。如此一来，摆平宗室和功臣的难题就解决了。

如果把周比喻成一家合伙制企业的话，那周天子与诸侯的关系，就是合伙和雇佣的双重关系。正因为是合伙关系，所以周得天下后，周天子与诸侯作为合伙人，人人有份，都能分得一份国土。只不过周天子作为最重要的合伙人，有条件分得最大最好的一份国土而已。但如果仅仅是合伙关系，那诸侯分得国土后，就会与周天子一拍两散，从此再无瓜葛，各过各的日子去了。然而，事实并非如此，诸侯还要奉周天子为天下共主，为周天子尽各种各样的义务，这就是员工与老板的雇佣关系了。

封建还是郡县

世间的事情总是这样，原以为设计得十分周密的方案，等实际执行起来，还是会出现意想不到的漏洞，万无一失的情况是很少的。周代的封建制也是如此，在稳定运行了大约三百年后，因为周天子实力下降，再也没有能力摆平各路诸侯，于是就继续不下去了。由此，中国步入了乱悠悠的春秋战国时期，大小诸侯间长年混战不休，杀得天昏地暗，直至秦始皇用武力统一中国。

秦始皇统一中国之初，面临着与周相似的治理难题，究竟是沿袭周的做法，继续实行封建制，还是另辟蹊径，改为实行郡县制？这在秦朝君臣之间，引发了一场不大不小的争论。

据《史记·秦始皇本纪》记载，"丞相绾等言：'诸侯初破，燕、齐、荆地远，不为置王，毋以填之。请立诸子，唯上幸许。'始皇下其议于群臣，群臣皆以为便。"

这段话的意思是，丞相王绾等人建议说，诸侯刚刚被打败，燕、齐、荆地处偏远，不在这些地方设王，就安定不下来。请封各位皇子为王，希望皇帝恩准。秦始皇将这个建议，交给群臣讨论，群臣都认为可行。

不过，还是有人出来唱反调了。"廷尉李斯议曰：'周文武所封子弟同姓甚众，然后属疏远，相攻击如仇雠，诸侯更相诛伐，周天子弗能禁止。今海内赖陛下神灵一统，皆为郡县，诸子功臣以公赋税重赏赐之，甚足易制。天下无异意，则安宁之术也。置诸侯不便。'"

这段话的意思是，廷尉李斯建议说，周文王、周武王所封的同姓子弟很多，然而他们的后代逐渐疏远了，互相攻击，就像仇人一样，诸侯之间更是相互讨伐，周天子也不能阻止。现在依赖陛下神灵，天下一统，都设立郡县，各位皇子功臣都用国家的赋税重加赏赐，很容易就控制了。天下没有异心，这就是安定的办法。封诸侯不可行。

面对两种截然相反的建议，秦始皇作何选择呢？"始皇曰：'天下共苦战斗不休，以有侯王。赖宗庙，天下初定，又复立国，是树兵也，而求其宁息，岂不难哉！廷尉议是。'"

这段话的意思是，秦始皇说，天下人都苦于无休止的战争，就是因为有诸侯王。依赖祖宗的神灵，刚刚平定了天下，又恢复设立诸侯国，这是在制造战争，想以此求得安定，不是太难了吗！廷尉的建议是正确的。

用郡县制取代封建制，秦始皇就这样为历史一锤定音！实际上，这两种截然相反的建议，各有各的道理，很难说谁对谁错，关键是看谁更有力量。秦始皇在统一中国的过程中，树立起了崇高的威望，能够做到一言九鼎，所以，哪怕实行郡县制，也不存在摆不平宗室和功臣的问题，这就是中国历史发展中的偶然性。

专制皇权的建立

秦始皇"废封建、立郡县"，建立起专制皇权，历史的进步意义在哪里呢？

首先，就像秦始皇和李斯说的那样，能够避免长年不断的战乱。封建就意味着战争，不但春秋战国时期是这样，秦灭亡以后的历史也是这样。西楚霸王项羽封了十八个诸侯王，结果前脚刚封完，后脚就打起来了，直至刘邦战胜项羽后建立汉朝，战争才平息下来。汉初的制度是封建制和郡县制并行，结果引发了七个诸侯王反叛的"七国之乱"。还有西晋的"八王之乱"、明初的"靖难之役"、清初的"三藩之乱"等，无一不与封建制相关。

西欧封建制导致的战争就更厉害了，在西罗马帝国灭亡后，长达几个世纪的时间里，由于不同领主间长年打仗，连商业和城市都发展不起来，整个西欧几乎变成了一个大农村。反过来再想想，秦始皇早早地废除封建制，真是英明之举。

其次，能够做到全国一盘棋，"一法度衡石丈尺。车同轨。书同文字。"也就是说，统一法律制度和度量衡标准，统一车辆两轮间的距离，书写采用统一的文字。这样，商品交换方便了，车辆通行容易了，"言语异声、文字异形"的局面结束了，进而为巩固国家的统一，为工商业的发展壮大，为各地间的文化交流，起到了有利的促进作用。

像司马迁在《史记·货殖列传》中就讲，"汉兴，海内为一，开关梁，弛山泽之禁，是以富商大贾周流天下，交易之物莫不通，得其所欲"。当然，不仅仅是汉朝如此，汉朝以后的历朝历代均是如此。

"千秋功罪，谁人曾与评说？"从古至今，人们对秦始皇的历史评价，充满了激烈的争议。人们说起秦始皇，往往都会想到"暴秦"，想到焚书坑儒，想到大兴土木和劳民伤财。这些固然不假，但与此同时，我们一定更要看到另一面，那就是秦始皇统一了中国，奠定了中国的大一统格局。虽然中国以后还有王朝的更替，还有封建制的遗毒，还有统一与分裂的循环，但大一统格局再未发生根本性的动摇。

如果拿西欧作一下对比，秦始皇的这一历史功绩，实在是太大了。西欧各国结束封建制，建立起专制王权，只是实现了"小一统"；而秦始皇结束封建制，建立起专制皇权，则是实现了"大一统"。"大一统"相比"小一统"，实现的难度不可同日而语。西欧想实现"大一统"吗？当然想，只可惜现实无情，罗马之后再无罗马，无论是法国的拿破仑，还是德国的希特勒，固然能征善战，但均未能实现"大一统"的宏愿。战争的手段不成，和平的手段无奈登场，结果就是现在这种局面，几十个欧洲国家的领导人一块开会，人多得都像赶大集，商量成个事比登天还难，距离实现真正的统一，依然是遥遥无期。

纵观中国上下五千年，政治上贡献最大的就是秦始皇，堪称千古一帝；文化上贡献最大的就是孔子，堪称万世师表。他们不但创造了历史，而且终结了历史，是中华文明史上最为璀璨的双子星。

第十一章　不改革

西欧中世纪抑商，中华帝国也抑商，这是两者相同的地方。两者不同的地方在于，到了中世纪后期，西欧开始改弦易辙，由抑商转为重商，而中华帝国抑商的传统依旧，并未进行改革。要说中西大分流的源头，就是从这个时候开始。

中国的抑商

抑商是中华帝国的基本经济思想，虽然不同时期抑商的力度有轻有重，手段变化多端，但抑商的做法一以贯之。究其原因，不外乎以下四个方面：

首先是政治上的原因。俗话说，人生在世，吃穿二字。这个说法固然有失偏颇，但要说吃穿是人生的第一需要，简直是千真万确！虽然吃穿的问题解决了，并不意味着不出事，但吃穿的问题没解决，那是肯定要出事，古今中外都是这个道理。中国的官府当然洞悉这一点，所以历朝历代都从重农的角度出发抑商，重农抑商就是重本抑末，以防止商业对农业这个安天下的产业，造成太大的负面冲击。

这个负面冲击，说的是商业会和农业争抢劳动力。如果人们出于逐利的目的，纷纷弃农从商，势必会出现"治本者少，浮食者众"，或者"生之者甚少，而靡之者甚多"的局面。这种局面的后果是严重的，东汉的王符在《潜夫论》中说："一夫不耕，天下必受其饥者；一妇不织，天下必受其寒者。今举世舍农桑，趋商贾，……是则一夫耕，百人食之；一妇桑，百人衣之。以一奉百，孰能供之？天下百郡千县，市邑万数，类皆如此，本末何足相供？

则民安得不饥寒？饥寒并至，则安能不为非？为非则奸宄，奸宄繁多，则吏安能无严酷？严酷数加，则下安能无愁怨？愁怨者多，则咎征并臻。下民无聊而上天降灾，则国危矣。"

商业在政治上造成的危害，还不限于此。商人"因其富厚，交通王侯，力过吏势"，官吏的势力还没有商人大，说话还没有商人管用，意味着专制皇权的统治就失灵了。这种情况还不是最严重的，如果"众邪群聚，私门成党，则强御日以不制，而并兼之徒奸形成也"，也就是富豪聚拢一群不三不四的人，结交成党，就会日益难以控制，割据势力作奸犯科的局面便形成了。

其次是经济上的原因。中国官府的抑商，当然仅指抑私商，不可能包括官商。因为官府抑官商，无异于自己抑自己，自己与自己过不去，天底下没有这样不合情理的事。设立官商的目的，主要就是

"与民争利"，以收到"民不加赋而国用足"之效。
比如，在历史上最为受人关注的盐铁，当初汉武帝
废除商人自由经营的政策，代之以官府的垄断经营，
主要就是为了充实国家的财政。对此，桑弘羊在《盐
铁论》中，说得很明白："令意总一盐、铁，非独
为利入也；将以建本抑末，离朋党，禁淫侈，绝并
兼之路也。"这里的"非独为利入"，换个说法就
是，主要"为利入"。当然，能给官府带来丰厚财
政收入的商品，不只限于盐铁，在历史上，茶、酒、
烟草，乃至铜、铅、锡、硝和硫磺等，都曾纳入官
营的范围。

再次是社会上的原因。商人有钱，衣食住行都
讲究，会给社会带来奢靡之风，冲击社会的等级秩
序。"千金之家比一都之君，巨万者乃与王者同乐"；
"商贩之室，饰等王侯……见车马不辨贵贱，视冠
服不知尊卑"。在官本位的中华帝国，这种现象是

很难容忍的。像刘邦当皇帝的时候，就直接给商人下禁令，不得穿锦、绣、绮等名贵的丝、葛、毛织品，不得乘车、骑马，不得携带兵器等。

最后是文化上的原因。商业被视为贱业，商人被称为贱商，与儒家伦理存在着十分密切的关系。虽然在先秦时期，最明确主张抑商的是法家，但儒家宣扬的重义轻利，"君子喻于义，小人喻于利"，与法家的主张相差不大。所以，后来法家的抑商主张，逐渐地融入到儒家之中，难以区分彼此了。儒家的这一伦理影响深远，像"为富不仁"、"无商不奸"之类的说法，至今仍在广泛流传。

中西抑商的差异

在《美国与中国》一书中，美国学者费正清提到："一个西方人对于全部中国历史所要问的最迫切的问题之一是，中国商人阶级为什么不能摆脱对官场的依赖，而建立一支工业的或经营企业的独立力量？"费正清是从西方历史经验的角度，对照发现中国历史中的问题，他认为"中国商人具有一种与西方企业家完全不同的想法：中国的传统不是制造一个更好的捕鼠机，而是从官方取得捕鼠的特权"。

费正清的这个看法，似乎有失偏颇，因为天下的商人都一样，以赚钱为天职，怎么赚钱怎么来。所以，真要找中西方的差异，不能从商人身上去找，只能从政府身上去找。在抑商的问题上，中西方政府存在着三个方面的差异：

第一个方面，西方的领主主要出于经济上的原因抑商，而中国的官府主要出于政治上的原因抑商。出于经济上的原因抑商，意味着西方的领主和商人之间，充其量不过是得多得少的问题，哪怕商人得的再少，假以时日，商业还是能够发展壮大起来；而出于政治上的原因抑商，意味着中国的官府对于商人，抱有根深蒂固的不信任心理，哪怕时日再长，也不会允许商业坐大到足以动摇官府统治的程度。

第二个方面，西方的领主抑商受到了国王的牵制，而中国的官府抑商没有任何牵制。在反封建的问题上，西方的国王和商人的利益完全一致，所以国王出于建立专制王权的需要，对于商业的发展壮大，给予了有力的支持；而中国官府的抑商，本就是源于专制皇权，所以面对官府对商业的打压，专制皇权不可能施以援手。

第三个方面，西方的领主住在农村，抑商有点鞭长莫及，而中国的官府驻在城市，抑商得心应手。在中世纪的西欧，因为领主住在农村，权力中心也在农村，城市是统治的薄弱环节，所以商人反抗领主，争取城市自治容易成功；而在中华帝国，因为官府驻在城市，权力中心也在城市，商人就在官府的眼皮子底下，所以城市根本没有自治的可能，农村反倒是统治的薄弱环节，导致农民反抗官府的起义时常发生。

在中国史学界，曾经热议过"资本主义萌芽"的问题，说的是中国封建社会内的商品经济的发展，已经孕育着资本主义的萌芽，如果没有外国资本主义的影响，中国也将缓慢地发展到资本主义社会。

资本主义的实质是资本雇佣劳动，如果要说这种雇佣关系，在中国的封建社会存在，没有任何问题；但如果要说此类存在的性质，属于"资本主义萌芽"，以后会缓慢成长，最终占据主导地位，中国也会发展到资本主义社会，则缺乏客观依据。因为如上所述，中西方政府在抑商问题上，存在着根本性的差异，由此不难推断，如果没有外国资本主义的影响，中国的资本主义会一直处于从属地位，永远都不可能成为主导，中国也就永远发展不到资本主义社会。

第十二章　不开放

中华帝国的抑商，不单是抑制国内贸易，而是连国际贸易一块抑制。所以，不开放与不改革相伴而生。实际上，在中华帝国的科技水平领先世界的时候，不开放也没什么事，但在英国发生了工业革命以后，还不开放就是天大的事了，因为封闭就要落后，落后就要挨打。

中国中心论

西方世界兴起后，开始盛行西方中心论，与此前盛行已久的中国中心论，性质大体类似。在古代中国人的观念中，中国不仅是全世界地理上的中心，而且还是全世界政治、经济和文化上的中心。

一是地理上的中心。古代中国人的世界观是天圆地方，上面圆形的天，扣在下面正方形的地上。天和地的形状不一样，当然就做不到严丝合缝，正方形的地的四周，各空出一块地方，分别是东海、西海、南海和北海，合称四海。中国处在正方形的地的正中间，也就是"天下之中"，四周分别被东夷、西戎、南蛮和北狄环绕。借用宋朝石介的《中国论》一文中的说法就是："夫天处乎上，地处乎下。居天地之中者曰中国，居天地之偏者曰四夷。四夷外也，中国内也。"

二是政治上的中心。"自古帝王临御天下，皆中国居内以制夷狄，夷狄居外以奉中国"，这就是古代中国人眼中的世界秩序。中国是宗主国，四夷应该作为中国的藩属国，归顺和臣服中国；相应的，"王者兼爱四夷"，中国的皇帝不但是中国之主，而且还是包括四夷在内的天下之主。

三是经济上的中心。中国地大物博，天子富有四海。中国离开四夷，什么事都没有；四夷离开中国，连命都保不住。清朝道光年间就曾通知各国商人："天朝准予各国通商以来，垂二百年，深仁厚泽，美利无疆，而内地茶叶、大黄二项，为尔外夷必预之物，生死所感，尔等岂不自知？是天朝本不必通市，而尔各国能一日不通市否？"

至于中国与四夷官方间的朝贡贸易，则是以厚往薄来为原则，做的是赔本的买卖。对此，明太祖朱元璋作过解释："诸蛮夷酋长来朝，涉履山海，动经数万里，彼既慕义来归，则赍予之物宜厚，以示怀柔之意。"

四是文化上的中心。中国与四夷之别，是文明与野蛮之别。宋朝的石介在《中国论》一文中，还搬来了《礼记·王制》中的说法："东方曰夷，被发文身，有不火食者矣。南方曰蛮，雕题交趾，有不火食者矣。西方曰戎，被发衣皮，有不粒食者矣。北方曰狄，毛衣穴居，有不粒食者矣。"也就是说，四夷披头散发，身刺花纹，脚趾相交，穿着毛皮，住在洞穴里，不吃谷物和熟食。面对"夷夏大防"，只能是"用夏变夷"，绝不能是"以夷变夏"。

明朝末期，来中国传教的意大利传教士利玛窦，在《利玛窦中国札记》一书中说："因为不知道地球的大小而又夜郎自大，所以中国人认为所有各国中只有中国值得称羡。就国家的伟大、政治制度和学术的名气而论，他们不仅把别的民族都看成野蛮人，而且看成是没有理性的动物。在他们看来，世界上没有其他地方的国王、朝代或者文明是值得夸耀的；这种无知使他们愈骄傲，一旦真相大白，他们就愈自卑。"

正如利玛窦所言，中国自以为的世界中心地位，赋予了中国极强的心理优越感，或者说极度的傲慢心理。在这种极端心理的作用下，中国对于其他国家，根本不会用正眼去看，还能指望中国会重视对外开放，特别是会与西欧国家一样，出于追求财富的目的，重视国际贸易吗？连想都不用想，一点可能性都没有。

学术界经常有人拿明朝的郑和下西洋，与西欧的大航海作对比，说两者都发生在十五世纪，郑和下西洋还早了几十年，航海船只和技术还比西欧先进，为什么不是中国发现新大陆，或者开辟通往西欧的新航路呢？实际上，别说中国没有尝试做这些事，哪怕是尝试了、做成了，也没有什么用，中国也不会像西欧国家那样称霸世界，在世界各地攫取财富，而只会像郑和下西洋那样，宣扬一下国威，吸引更多的国家前来朝贡，就算完事。因此，我们作为后人，也完全用不着遗憾。

落日的辉煌

当英国发生工业革命的时候，在中国是清朝的乾隆皇帝当政，正处于康乾盛世的辉煌时期。

康乾盛世从 1661 年康熙登基算起，到 1796 年乾隆退位终止，历经康熙、雍正、乾隆三朝，时间跨度是 135 年。从中国的历史传统来看，这段时期是名副其实的盛世。论疆域，在完成国家统一后，清朝的国土西跨葱岭，西北到巴尔喀什湖北岸，北接西伯利亚，东北至黑龙江以北的外兴安岭和库页岛，东临太平洋，东南到台湾及其附属岛屿钓鱼岛、赤尾屿等，南至南沙群岛，面积之大前所未有；论人口，乾隆年间中国的人口连续突破 2 亿和 3 亿的大关，达到了历史的峰值；论经济总量，当时中国的国内生产总值占到了世界的 1/3 左右；论社会繁荣程度，当时世界上的十大城市中，中国就占了六个——北京、南京（江宁）、扬州、苏州、杭州和广州。朝野上下对此显然是洋洋自得，"德业于今臻盛大，直超三五辟鸿蒙"，"舞遍两行红结队，儿童齐唱太平年"，就是当时情景的真实写照。

1792年，沉浸在"一统无外、四夷宾服"的传统美梦中的乾隆皇帝，收到了一份奏折。奏折中说，闻得天朝大皇帝八旬大万寿，英吉利未曾着人进京叩祝万寿，国王心中十分不安。今国王命特使马戛尔尼前往补庆万寿，倘邀天朝大皇帝赏见此人，国王即十分欢喜，包管英吉利国人与天朝国人永远相好。

马戛尔尼来中国访问的真实目的，是请求清朝与英国扩大通商。清朝把英吉利称为"红毛蕃种"，相互间早有贸易往来，"康熙间，英吉利始来通市。雍正七年后，互市不绝。"但到乾隆年间，清朝收紧通商政策，只允许广州一口通商，而且还有诸多限制，英国感觉多有不便。所以，英国希望通过马戛尔尼此访，实现以下目标：开放新的通商口岸；获得一块租借地或小岛，让英国商人常年居住，以便停泊商船、存放货物；对英国货物减免税；向北京派常驻使节，等等。

然而，清廷依照以往的惯性思维，是把马戛尔尼视为"英吉利贡使"，把马戛尔尼所带礼物视为"贡物"，把马戛尔尼此访视为"朝贡"。也就是说，马戛尔尼作为英吉利国王的特使前来，是想归顺和臣服中国，让英吉利成为中国的藩属国。

因此，乾隆皇帝这样给英国国王回话："咨尔国王，远在重洋，倾慕向化，特遣使恭赍表章，航海远来，叩祝万寿，并进方物，用将忱悃，词意肫恳，具见尔国恭顺之诚，深为嘉许。"

面对英国扩大通商的请求，乾隆皇帝则说："天朝物产丰盈，无所不有，原不藉外夷货物以通有无。特因天朝所产茶叶、瓷器、丝斤为西洋各国及尔国必需之物，是以加恩体恤。"

对于马戛尔尼带来的礼物，像天球仪、地球仪、西瓜大炮、铜炮、自来火炮、西洋船模型和望远镜等，清廷固然感兴趣，但只是把它们视为"奇技淫巧"，什么意思呢？就是觉得好玩，当时的情景大概就像家长赞赏自己的孩子，或老师赞赏自己的学生："没想到你还有本事，鼓捣出这么稀奇古怪的玩意儿，真不错，真不错！"至于俯下身去，向孩子或学生学习，压根就不会这样去想，所以也就不会产生中国落后于西方，需要迎头赶上的紧迫感和危机感。

马戛尔尼在日记中写道："满洲人打仗爱用弓箭，当我告诉他们，欧洲人已放弃弓箭而只用来复枪打仗时，他们愕然不解，认为在奔驰的马上射箭，比站在地上放枪豪迈。"当马戛尔尼邀请清军将领福康安，观摩英国使团卫队如何使用新式武器时，福康安竟说："看亦可，不看亦可。这火器操作，谅来没有什么稀奇。"马戛尔尼由此得出了这样的结论："中华帝国只是一艘破败不堪的旧船"，"它那巨大的躯壳使周围的邻国见了害怕"，但"只要我们派两三艘小军舰，不消两个月功夫，就可以把中国沿海的海军全部摧毁"。

结果，40 多年后马戛尔尼的话就应验了。1840年，英国派出了一个由 4000 多名士兵组成的"东方远征军"，千里迢迢赶赴中国，结果清军在家门口败得一塌糊涂，被迫签订了丧权辱国的中英《南京条约》。马戛尔尼出使中国没有得到的东西，通过这一次的鸦片战争得到了。从此，中国历史在列强的外力作用下，脱离了已经延续数千年的原有轨道，翻开了新的一页。

下篇

复兴中华的探索

大 国 的 兴 衰 之 道

　　1923 年，中国近代史上鼎鼎大名的梁启超，在《五十年中国进化概论》一文中回顾说："近五十年来，中国人渐渐知道自己的不足了。……第一期，先从器物上感觉不足。……第二期，是从制度上感觉不足。……第三期，便是从文化根本上感觉不足。"梁启超概括得非常准确，中国终于认识到自己的落后，进而放下天朝上国的架子，下决心学习西方，确实经历了这样一个由表及里、由浅入深的过程。

第十三章　学器物

中华帝国衰落的原因，就是不重商，不搞改革开放。而洋务运动就是重商，搞改革开放。所以，洋务运动的路子大体上正确，原本是能够走通的。可惜的是，甲午战争中并非必然的失败，将洋务运动的进程中途打断，彻底地逆转了中国起底回升的国运。

正眼看世界

由于在天朝上国的梦境中，睡得太久太沉，英国发动的鸦片战争并没有把中国打醒，照道光皇帝的说法，"该夷性等犬羊，不值与之计较"。所以，在鸦片战争的硝烟散尽之后，社会似乎又恢复了原状，"都门仍复恬嬉，大有雨过忘雷之意"。

但是，有个别先知先觉的明白人，还是醒了过来，他们开始正眼看世界了。其中，最具代表性的是两个人——林则徐和魏源。

林则徐并非生而知之，虽然他不至于像他的同僚那样，说出"葡萄有牙，西班有牙……世界哪来这么多国家"之类的话，但传统的偏见还是有的。比如，林则徐也曾认为"茶叶、大黄，外夷若不得此即无以为命"；也曾警告外国人，若中国"绝市闭关，尔各国生计从此休矣"。他觉得天朝声威，足以"慑服夷人"，甚至认为"夷兵腿足缠束紧密，屈伸皆所不便，若至岸上，更无能为"。

但是，鸦片战争的爆发，让林则徐迅速改变了看法："彼之大炮，远及十里内外，若我炮不能及，彼炮先已及我，是器不良也。彼之放炮，若内地之放排枪，连声不断，我放一炮后，须转展移时，再放一炮，是技不熟也。"而"内地将弁兵丁，虽不乏久列戎行之人，而皆觌面接仗，似此相距十里八里，彼此不见面而接仗者，未之前闻，故所谋往往相左。"

面对"沿海文武员弁，不谙夷情，震于英吉利之名，而实不知其来历"的情况，林则徐在广州期间，"日日使人刺探西事，翻译西书，又购其新闻纸"。对此，后来接替林则徐，担任两广总督的琦善，颇不以为然："我不似林总督，以天朝大吏终日刺探外洋情事。"

照当时西方人的说法，"中国官府，全不知外国之政事，又不询问考求，故至今中国仍不知西洋。""惟林总督行事全与相反，署中养有善译之人，又指点洋商通事引水二三十位，官府四处探听，按日呈递。"

鉴于此，历史学家范文澜称赞林则徐，是中国近代史上"开眼看世界的第一人"。确实，林则徐的开明形象，与他的英雄形象一样，值得国人敬佩。不过，如果将这里的"开眼看世界"，改为"正眼看世界"，也许更为确切。因为当时中国的关键问题，是不屑于用正眼看世界，这样也就无所谓开眼不开眼了。

林则徐在广州期间，根据英国出版的《世界地理大全》，主持编译了《四洲志》一书，简要介绍了世界各国的地理、历史和政治状况。魏源在《四洲志》的基础上，广泛搜集整理多方文献资料，写成了五十卷的《海国图志》，后来又扩充到六十卷、一百卷。

魏源在《海国图志》中，不仅介绍了西方国家的状况，而且还提出了富国强兵的对策。他指出，"夷之长技有三：一、战舰；二、火器；三、养兵练兵之法。"魏源主张，中国应该向西方学习，"尽得西洋之长技，为中国之长技"，"宜师夷长技以制夷"。

魏源自己介绍《海国图志》："何以异于昔人海图之书？曰：彼皆以中土人谭西洋，此则以西洋人谭西洋也。"张之洞说，《海国图志》"是为中国知西欧之始"。梁启超也说，"中国士大夫之稍有世界地理知识，实自此据"。

洋务运动

林则徐和魏源发出的历史先声，终于在十九世纪六十年代，开始的洋务运动中得到回应。第二次鸦片战争的失败，打醒了一批的清朝大员，形成了力主向西方学习的洋务派。面对顽固派"何必师事夷人"、"溃夷夏之防，为乱阶之倡"的责难，洋务派不甘示弱，据理力争，指出今日之天下，已非

"华夷隔绝之天下",而是"中外联属之天下"。李鸿章在《筹议海防折》中说:"一国生事,诸国构煽,实为数千年来未有之变局。轮船电报之速,瞬息千里;军器机事之精,工力百倍;炮弹所到,无坚不摧,水陆关隘,不足限制,又为数千年来未有之强敌。外患之乘,变幻如此,而我犹欲以成法制之,譬如医者疗疾不问何症,概投之以古方,诚未见其效也。……《易》曰:'穷则变,变则通。'盖不变通则战守皆不足恃,而和亦不可久也。"

洋务派的指导方针,最早是由冯桂芬提出:"以中国之伦常名教为原本,辅以诸国富强之术"。这个指导方针,后来被简单地概括为"中学为体,西学为用"。这里的"体"和"用",与道和器、本和末、主和辅等传统哲学范畴,含义都差不多。或者说,"体"是大用、"用"是小用,两者的关系类似电脑中的操作系统和应用程序,基本上能够相互兼容，比较好地融为一体。之所以说是"基本上"，是因为就实质而言，中学是尊君之学，西学是重商之学，两者还是有些错位。不过，洋务派强调的重点，并不是中方原有的"体"，而是来自西方的"用"。

六十年代到七十年代，洋务派以"求强"为名，创办了一系列的军工企业。比如，1861 年，曾国藩在安庆创办了军械所；1862 年，李鸿章在上海创办了洋炮局；1865 年，曾国藩在上海创办了江南制造总局；1866 年，左宗棠在福州创办了船政局；1867 年，崇厚在天津创办了机器局，等等。这些军工企业所生产的枪炮、弹药和船舰，均由清政府直接调拨给军队使用。

七十年代到九十年代，洋务派进一步认识到"必先富而后强"，因而又以"求富"为名，创办了一系列的民用企业。比如，以李鸿章为主，1872 年在上海创办了轮船招商公局，1877 年在天津创办了开

平矿务局，1880 年在天津创办了电报总局，1882
年在上海创办了机器织布局等；以张之洞为主，
1889 年在广州和武昌创办了织布局，1890 年在湖
北创办了炼铁厂等。这些民用企业，有些是官办，
有些是官商合办，有些是官督商办，其产品投放到
市场上销售，目的是获得利润。

洋务运动不是没有毛病，主要是由于顽固派的
掣肘，步子走得太慢了，导致私商发展不足；同时
官办的企业过多，机构臃肿，效率低下，浪费严重。
据统计，到 1894 年，全国工矿和运输业的资产总
值为 6749 万元，官方资产就占到了 70%。这势必
对洋务派的"求富"目标，产生比较大的负面影响。

但是，洋务运动追求国家富强的目标没有错，
中体西用的手段没有错，特别是后来认识到"必先
富而后强"，也就是先富国后强兵，将军事实力建
立在经济实力的基础之上，岂止是没有错，简直可

以称得上英明了。所以，如果假以时日，洋务运动就这么进行下去，不断地修正原先的偏差和弊端，到最后应该是能够走通的，应该是能够实现国家富强的目标的。可惜的是，历史没有"如果"，后来的现实并没有按照这样的剧本去演，洋务运动竟然被日本强行中断了。

国运的逆转

虽然洋务运动的主旨是"师夷长技"，但这里的"夷"仅指西方列强。对于历史上长期以中国为师的日本，中国仍然抱有极强的心理优越感，视之为"蕞尔三岛"。也正因如此，甲午战争的失败，给中国朝野带来的震动之大，远超过往的历次战争。

甲午战争失败后，人们返回去找寻失败的原因，列出了一大堆的主客观因素。这种"事后诸葛亮"

式的推导是有问题的，其中肯定不乏失真的因素。实际上，谁也不能断定，清军必然失败，因为任何战争的胜负，都有偶然的成分在内。而甲午战争的失败，偶然的成分更大，因为清军的实力，原本就比日军强得多。

甲午战争前夕，中国海军共拥有 78 艘军舰、24 艘鱼雷艇，总排水量 8 万余吨；日本海军共拥有 31 艘军舰、24 艘鱼雷艇，总排水量约 6 万吨。中国的旅顺、威海、大沽等海军基地设施齐全，其中的旅顺还被称为"远东第一大名港"，远非日本的横须贺、吴港、佐世保等港口可比。当时的西方军事评论家，将中国海军的实力列为世界第八位，而日本海军的实力则为世界第十六位。

据历史学家唐德刚在《晚清七十年》一书中说，"在甲午战前，我们的大清帝国也有一支相当可观的海军呢！""每次操演起来，摆出'船阵'，也是樯橹如云，旌旗蔽空，气势非凡呢！""这支舰队甲午战前亦曾由清政府派往高丽、日本、南洋新加坡一带巡弋示威。堂堂之阵、阵阵之旗，连欧美海军大国的观察家亦均拭目而视呢！"特别是北洋舰队中，"定远（后为清海军旗舰）、镇远二主力舰，是当时五大洋中最新型的战舰。此二舰成为我海军主力之后，再加上若干辅助舰艇，中国海军的战斗力，就超过当时世界最强的英国海军的'远东舰队'了。——换言之，'鸦片战争'或'英法联军'如再来一次，鹿死谁手，就很难说了。"

然而历史无情，清军就是在甲午战争中失败了。这让洋务派追求国家富强的愿望，顿时化成了泡影。从此，在朝者开始失去了方寸，在野者开始走上了革命的道路，导致中国开始步入多事之秋，继续地往下沉沦。

有人总结说，鸦片战争以后，虽然中国屡遭列强侵犯，但给中国造成最大伤害的国家，无疑就是日本。诚哉斯言，甲午战争逆转中国的国运，不过是个开端而已。

第十四章　学制度

从戊戌变法、新政到创立民国，制度固然越来越进步，但并不一定是富国强兵所必需。实际上，问题的关键还不在于制度是否进步，而在于走得实在是太急太快，导致制度没能得到切实有效地执行，反倒是陷入了一轮又一轮的折腾之中。

戊戌变法

第一轮折腾，是戊戌变法及其失败。光绪皇帝搞变法，最大的问题是力不从心，政治上不成熟，结果只能是以悲剧收场。

甲午战争失败后，清政府与日本签订了丧权辱国的《马关条约》。消息传出后，全国舆论大哗。1895 年 5 月，正在北京参加会试的康有为，联合各省参加会试的 1300 多位举人，联名上书光绪皇帝，提出"下诏鼓天下之气"，"迁都安天下之本"，"练兵强天下之势"，"变法成天下之治"等四条建议。他们还指明，前面三条建议只是应敌的权宜之谋，最后一条建议才是立国自强的根本之策。这就是史称的"公车上书"，虽然上书最终没能送到光绪皇帝手中，但社会影响比较大，标志着维新运动的正式开始。

此后，康有为在"变法本原，非自京师始、非自王公大臣不可"的思想支配下，他在北京创办了《中外纪闻》和强学会。与此同时，梁启超在上海创办了《时务报》，谭嗣同在湖南创办了《湘学报》和时务学堂，严复在天津创办了《国闻报》。据统计，在维新运动开始后的不长时间内，全国各地就创办报刊 18 种，创办学会 33 个，创办学堂 300 所。

此时的清王朝，权力格局比较微妙，名义上是亲政后的光绪皇帝掌权，实际上的最高领导人却还是慈禧太后。面对维新运动日益高涨的局面，朝廷内有些人始终坚持"祖宗之法，不可废"。为此，光绪皇帝向慈禧太后表明心迹："祖宗之地不可保，从何保祖宗之法？如果仍不给我事权，我不愿做亡国之君，宁可退出此位。"慈禧太后回应说，"变法乃素志"，"苟可以致富强者，儿自为之，吾不内制也"。

慈禧太后作此表态后，光绪皇帝在 1898 年 6 月 11 日，颁布"明定国是"的诏书，开始变法。

戊戌变法的内容非常广泛：一是在经济方面，提倡实业，设立农工商总局和矿务铁路总局；鼓励商办铁路、矿务；奖励各种发明；组织商会、农会等民间团体；改革财政，编制各项预算，杜绝贪污浪费等。二是在政治方面，广开言路，提倡官民上书言事；准许开设报馆及学会；精简机构，裁减冗员等。三是在军事方面，以西法练兵，淘汰冗兵；筹建海军，培养海军人才等。四是在文化教育方面，废八股，改试策论；兴办学堂，北京设京师大学堂，各省书院、祠庙改设各种专科学堂和中小学堂；设立译书局，翻译外国书籍；选派学生出国学习等。但是，维新派主张的设议院、开国会、定宪法等，并没有包括在内。

戊戌变法追求的是全变、快变，照康有为的说法，"全变则强，小变仍亡"；"外衅日迫，间不容发，迟之期月，事变之患，旦夕可至"。如果有人反对变法怎么办呢？康有为的回答简单干脆："杀二三品以上阻挠新法大臣一、二人，则新法行矣。"

在这种思想的影响下，光绪皇帝忙忙碌碌，"鸡鸣而起，日落方休"，每天急着发布变法的上谕。

他大力提拔维新派，任命康有为为总理衙门章京，准其专折奏事；赏梁启超六品衔，专办译书局；给谭嗣同、杨锐、林旭、刘光第等人以四品衔，任军机处章京，让他们批阅大小官员的奏折，草拟皇帝的诏书。他还下令将阻挠礼部主事王照上书的官员革职，并赏王照三品顶戴，赞扬其"不畏强御，勇猛可嘉"。

全变、快变的结果，就是导致各个层级的官员，对变法理解不了，来不及反应，更得不到执行。比如，两江总督刘坤一，就是一脸茫然："时事之变幻，议论之新奇，恍兮惚兮，是耶非耶？年老懵乱，不知其然，不暇究其所以然。"

维新派不但四面树敌，而且还将慈禧太后推向了对立面。在康有为看来，慈禧太后是"不可造就之物"，所以，"尊君权之道，非去太后不可"。对此，维新派内部都有不同意见。杨锐指出："皇太后亲将天下授之皇上，宜遇事将顺行，行不去处不宜固执己意。变法宜有次第。进退大臣不宜太骤。"王照也指出："外人或误以为慈禧反对变法，其实慈禧但知权利，绝无政见。若奉之以变法之名，使得公然出头，则皇上之志可由屈而得伸，而顽固大臣皆无能为也。"甚至连康有为的弟弟康广仁，都对兄长的所作所为，感到忧心忡忡："伯兄规模太广，包揽太多，同志太孤，举行太大，当此排者、忌者、挤者、谤者盈衢塞巷，而上又无权，安能有成？弟私窃深忧之。"

果不出众人所料，1898 年 9 月 21 日凌晨，慈禧太后发动政变，囚禁光绪皇帝，宣布重新"训政"。她指责光绪皇帝："汝之变法维新，本予所许，但不料汝昏昧胡涂，胆大妄为，一至于此。汝五岁入宫，继立为帝，抚养成人，以至归政。予何负于汝？而汝无福承受大业，听人播弄，如木偶然。朝中亲贵重臣，无一爱戴汝者。皆请予训政。汉大臣中，虽一二阿顺汝者。予自有法处置之。"

与此同时，清政府大肆捕杀维新派。康有为、梁启超得知消息后，被迫流亡日本。谭嗣同、杨锐、林旭、刘光第、康广仁、杨深秀等六人，于 9 月 28 日被杀害于北京菜市口，人称"戊戌六君子"。谭嗣同临刑前大声高呼："有心杀贼，无力回天；死得其所，快哉！快哉！"

谭嗣同的这一慷慨陈词，感染了无数的国人，从宣传的角度讲非常成功。只是维新志士在一线操刀变法，搞的是政治而不是宣传。政治是以成败论英雄，所以读史至此，我们还是不能不为戊戌变法的失败，为维新志士的报国热血和悲剧命运扼腕叹息！

新 政

第二轮折腾，是新政及其失败。与戊戌变法不同，新政失败的原因不再是来自体制内的掣肘，而是来自体制外的革命。

戊戌变法失败后，清廷内守旧派得势，竟然相信了义和团是"天降神兵"、"刀枪不入"的说道。鉴湖女侠秋瑾，在《精卫石》的弹词中说："甚么师兄甚么法，反被那洋人杀得没头奔。虚言造语都为假，却不道朝内信了真。闯成大祸难收拾，外洋的八国联军进北京。"

1900 年，由于八国联军的入侵，北京变成了人间地狱："居人盈衢塞巷，父呼其子，妻号其夫，阖城痛哭，惨不忍闻。逃者半，死者半，并守城之兵，死者山积。"在这种情况下，慈禧太后带着光绪皇帝和一帮王公亲贵，仓皇出逃，准备前往西安。

这个时候的慈禧太后，已经没有了昔日的威严和跋扈。她在西行途中，对前来迎驾的直隶怀来知县吴永说："连日奔走，又不得饮食，既冷且饿。途中口渴，命太监取水，有井矣而无汲器，或井内浮有人头。不得已，采秫秸秆与皇帝共嚼，略得浆汁，即以解渴。昨夜我与皇帝仅得一板凳，相与贴背共坐，仰望达旦。晓间寒气凛冽，森森入毛发，殊不可耐。尔试看我已完全成一乡姥姥。"光绪皇帝也很狼狈，"上无外褂，腰无束带，发长至逾寸，蓬首垢面，憔悴已极"。

面对如此窘境，慈禧太后开始反省："闹到如此地步，总是我的错头，上对不起祖宗，下对不起人民。"护送慈禧太后西行的岑春煊指出："朝廷自经庚子之变，知内忧外患，相迫日急。非仅涂饰耳目，所能支此危局。故于西狩途中，太后首以自强为询。辛丑回銮以后，即陆续举办各项新政。"

1901 年 1 月，慈禧太后以光绪皇帝的名义，发布诏书说："世有万古不易之常经，无一成不变之治法。穷变通久，见于大《易》。损益可知，著于《论语》。盖不易者三纲五常，昭然如日星之照世。而可变者令甲令乙，不妨如琴瑟之改弦。""一切政事尤须切实整顿，以期渐图富强。懿训以为取外国之长，乃可补中国之短；惩前事之失，乃可作后事之师。"

随后，清王朝陆续推出了一系列的新政举措：一是在经济方面，"振兴商务，奖励实业"，采取"华洋官商一体保护"的政策。1903 年 9 月，清王朝成立商部，提倡和奖励私人资本办工业，以增加税收。二是在政治方面，1906 年 9 月，宣布预备立宪，以"大权统于朝廷，庶政公诸舆论"为原则，划分皇帝与国会的权限。1907 年 9 月，宣布中央设资政院，各省设咨议局。1908 年 8 月，颁布《钦定宪法大纲》，并明令以 1916 年为立宪预备期限。
三是在军事方面，改革军制，编练新式陆军和警察。
从 1901 年起，清王朝就命令各省裁汰旧军，创建
新军。为此，在北京成立了练兵处，在地方成立了
督练公所。四是在文化教育方面，出台了废科举、
兴学堂、派遣留学生等政策。

不难看出，这些新政举措与戊戌变法大同小异，
有些方面甚至比戊戌变法走得更远。维新派的一些
主张，在戊戌变法时没被接受，哪里想得到几年过
后，竟然在新政中实现了。尚在国外流亡的康有为
等人，见到这种情况后一片欢腾，"从心所欲，天
从人愿，大喜欲狂，……不知手之舞之，足之蹈之
也"。

不过，此时的清王朝大厦将倾，与戊戌变法的
时候已经不一样了。当时就有人上疏："颁布宪政
以八年为期，恐未至八年而天下事已败坏不可收

拾"。这一说法不幸而言中，1911 年 10 月 10 日，辛亥革命爆发，为期十年的新政就此终止。

创立民国

第三轮折腾，发生在孙中山和袁世凯之间。为了推翻清王朝，他们道不同、相为谋，结果是以孙中山创立民国开始，以袁世凯复辟帝制告终。

孙中山出身于广东香山的贫寒农家，"早知稼穑之艰"，长大后先后入广州和香港的医学院学习。面对民族危亡，孙中山决定抛弃"医人生涯"，改行"医国事业"。最初，他想采取改良的手段达到目的。1894 年 1 月，孙中山草拟了《上李鸿章书》："窃尝深维欧洲富强之本，不尽在于船坚炮利，垒固兵强，而在于人能尽其才，地能尽其利，物能尽其用，货能畅其流。此四事者，富强之大经，治国之大本也。"上书碰壁后，他感到"和平之法无可变法"，便想转而采取革命的手段。

正值此时，甲午战争失败的消息传来。旅居檀香山的孙中山，面对华侨悲愤交加的局面，于1894年11月倡导成立了兴中会，这是中国第一个资产阶级革命团体。1905年8月，他又联合其他革命团体，"招集同志，合成大团"，成立了中国同盟会。中国同盟会确定的纲领是"驱除鞑虏，恢复中华，创立民国，平均地权"，随后孙中山将其概括为民族、民权、民生三民主义。中国同盟会成立后，历经多次武装起义的失败，武昌首义终获成功。

孙中山具有怎样的人格特质呢？他的私人顾问端纳指出，孙中山是一个"自以为把芸芸众生带往希望之乡"的"中国的摩西"，这使得他"不宜担任任何需要常识的工作"。跟随孙中山多年的私人秘书李禄超也指出，"孙是一个梦想家，他梦想乌托邦，梦想建立一个健全的、秩序井然的政府，他有崇高的理想而又极难变为现实，所以被广东人取了一个'孙大炮'的绰号。"

与孙中山相比，袁世凯完全是另一个世界的人。袁世凯很现实，历经多年的宦海沉浮，练就了一套审时度势、老谋深算的出奇本领。他早年曾任驻朝鲜通商大臣，深得直隶总督兼北洋大臣李鸿章的赏识。1895年，袁世凯开始在天津小站，用西法训练中国首支新建陆军，同时积极参与维新运动。戊戌变法期间，光绪皇帝想拉拢掌有七千人新建陆军的袁世凯，与慈禧太后对抗，结果被袁世凯告发。1901年，据说获李鸿章临终前保荐"环顾宇内，人才无出袁世凯右者"，袁世凯接任直隶总督兼北洋大臣。新政期间，他扩编北洋军为六镇，同时大力倡导君主立宪。1909年，因兵权太大遭清廷皇族猜忌，袁世凯被革职，回老家河南彰德"养疴"。有人评价说，袁世凯"使非数年间之废罢，则至晚清末造，其声望必不能隆然至于彼极"。

武昌首义后，清廷急忙派陆军大臣荫昌，率领北洋军赶赴武昌镇压革命。然而北洋军的兵权，实际上仍然掌握在袁世凯的手里，荫昌指挥不灵。清廷被逼无奈，只好三番五次请袁世凯出山，任命他为钦差大臣，赋予他统率水陆各军的大权。袁世凯接受任命后，很快攻下汉口、汉阳，直逼武昌。有意思的是，就在这个节骨眼上，他突然命令停止进攻，并托人向革命军方面，传达了停战、清帝退位、推举袁世凯为大总统等三项议和条件。

在革命阵营内部，妥协思想占了上风。1911 年12 月，黄兴在一则电文中说，只要袁世凯"与民军为一致之行动，迅速推倒满清政府，令全国大势早定，外人早日承认"，则"中华民国大统领一位，断推举项城无疑"，"全国人民决无有怀挟私意欲与之争者"。1912 年 1 月，刚在南京就任中华民国临时大总统的孙中山，也明确表示："如清政府实行退位，宣布共和，则临时政府决不食言，文即可正式宣布解职；以功以能，首推袁氏。"

1912 年 2 月，清帝溥仪宣布退位。随后袁世凯致电南京政府，宣称"共和为最良国体，世界之所公认"，"从此努力进行，务令达到圆满地位，决不使君主政体再行于中国"。在这种情况下，孙中山提出辞职，袁世凯表示"勉从公仆义务"，继任为大总统。

应该说，由袁世凯接替孙中山，在当时是有一定的合理性的，因为袁世凯具备孙中山所缺少的财力、兵力和列强的支持。在时人看来，袁世凯"在中国有信誉，在外国有好名声，是唯一可望从目前的动乱中恢复秩序的一个人"。所以，寄希望于袁世凯"奋其英略，旦夕之间，戡定大局"。

然而，袁世凯继任大总统后，随着权力的日趋巩固，图谋实行独裁统治的倾向，变得越来越明显。他先是急不可待地要做正式大总统，继而操纵修法立法，取消国会对总统行使权力的一切限制，规定总统任期十年，连任无限制，并有权推举总统继任人。这样袁世凯就成了终身总统，而且总统职位还可由袁家世袭。

即便如此，袁世凯还是不满足，最后干脆宣布复辟帝制。1916 年元旦，他终于登上了梦寐以求的中华帝国皇帝的宝座。然而，好梦之后紧接着就是噩梦，一贯精明过人的袁世凯，这一次却失算了。护国运动旋即兴起，袁世凯在众叛亲离的状况下，不得不下令取消帝制，继而连自己的性命，也一并搭了进去。

第十五章　学文化

中国在向西方学制度的过程中，经历了一轮又一轮的折腾，相当于房子建了拆，拆了建，建了又拆。人们自然会想，如果事先把下边的地基打牢了，上边的房子不就很难再拆了吗？于是，以改造人们的思想为己任的新文化运动，就开始热热闹闹地登场了。

顾名思义，新文化运动就是破旧立新，用新文化取代旧文化。借用汪叔潜在《青年杂志》第一卷第一号上，发表的《新旧问题》一文中的解释，"所谓新者无他，即外来之西洋文化也；所谓旧者无他，即中国固有之文化也。"具体地说，主要就是"打倒孔家店"，代之以西方的民主和科学。

缘　起

1915 年 9 月，陈独秀在上海创办《青年杂志》，标志着新文化运动的兴起。《青年杂志》从第二卷开始，改名《新青年》。1917 年 1 月，陈独秀被聘为北京大学文科学长。《新青年》编辑部随之移至北京，并改为同人刊物，由陈独秀、李大钊、胡适等人轮流担任编辑。

《青年杂志》创刊伊始，陈独秀就公开表明，"改造青年之思想，辅导青年之修养，为本志之天职"，而"批评时政，非其旨也"。他解释这样做的原因："吾国年来政象，惟有党派运动，而无国民运动也。……凡一党一派人之所主张，而不出于多数国民之运动，其事每不易成就，即成就矣，而亦无与于国民根本之进步。吾国之维新也，复古也，共和也，帝政也，皆政府党与在野党之所主张抗斗，而国民若观对岸之火，熟视而无所容心，其结果也，不过党派之胜负，于国民根本之进步，必无与焉。"

后来，陈独秀又进一步解释："所谓立宪政体，所谓国民政治，果能实现与否，纯然以多数国民能否对于政治，自觉其居于主人的主动的地位为唯一根本之条件。自居于主人的主动的地位，则应自进而建设政府，自立法度而自服从之，自定权利而自尊重之。倘立宪政治之主动地位属于政府而不属于人民，不独宪法乃一纸空文，无永久厉行之保障，且宪法上之自由权利，人民将视为不足重轻之物，而不以生命拥护之，则立宪政治之精神已完全丧失矣。……共和立宪而不出于多数国民之自觉与自动，皆伪共和也，伪立宪也，政治之装饰品也，与欧美各国之共和立宪绝非一物。"

陈独秀的这一思想，与胡适十分相似，不过胡适说得更加干脆："打定二十年不谈政治的决心，要想在思想文艺上替中国政治建筑一个革新的基础。"

主　张

在新文化运动时期，有两位先生名噪一时：一位是德先生，也就是民主；一位是赛先生，也就是科学。这个拟人化的形象说法，也要归功于陈独秀。

1919 年 1 月，陈独秀为了回击社会上的旧势力，对《新青年》的责难与谩骂，写了著名的《本志罪案之答辩书》一文，正式打出了民主和科学的旗帜。他说，本志"拥护那德莫克拉西（Democracy）和赛因斯（Science）两位先生"，"要拥护那德先生，便不得不反对孔教、礼法、贞节、旧伦理、旧政治。要拥护那赛先生，便不得不反对旧艺术、旧宗教。要拥护德先生又要拥护赛先生，便不得不反对国粹和旧文学。"

陈独秀表达了面对艰难困境，毫不退缩的意志和决心："西洋人因为拥护德、赛两先生，闹了多少事，流了多少血，德、赛两先生才渐渐从黑暗中把他们救出，引到光明世界。我们现在认定，只有这两位先生可以救治中国政治上、道德上、学术上、思想上一切的黑暗。若因为拥护这两位先生，一切政府的压迫，社会的攻击笑骂，就是断头流血，都不推辞。"

新文化运动的倡导者们，认为新旧文化"水火不容"，"存其一，必废其一"，"绝无调和两存之余地"。他们表示要用"剧烈的战斗"来推翻旧势力，"虽冒毁圣非法之名，亦所不恤矣"，要"踏着这些铁蒺藜向前进"。为此，他们提出了"打倒孔家店"的口号，指斥孔子是"数千年前的残骸枯骨"，"历代帝王专制之护符"，"保护君主政治之偶像"。

新文化运动的倡导者们，没有特别指明的是，在德先生和赛先生的背后，其实站着一位真正的先生——资先生，也就是资产阶级。因为民主有利于资产阶级掌权，科学有利于资产阶级赚钱。

影　响

以《新青年》为主要阵地的新文化运动，虽然饱受社会上旧势力的攻击，但启发、教育、培养了一代有志青年，直接影响了中国后来的历史发展进程。特别是它大力宣传的民主和科学，戳中了旧文化君本位和抑商的软肋，显示出了超强的驾驭复杂问题的本领，真可谓高明至极！

借用孙中山的定性说法，新文化运动引起中国"思想界空前之大变动"。许多青年视《新青年》为"良师益友"、"青年界之金针"，称得到此刊如"清夜闻钟"，"神咸感奋"。1916
年 11 月，读者顾克刚给《新青年》写信说，"今
春一读大志，如当头受一棒喝，恍然悟青年之价
值"，"连续购读，如病者之吸收新鲜空气，必
将浊气吐出"。青年学生杨振声把《新青年》比
喻为初动的春雷，"惊醒了整个时代的青年。他
们首先发现自己是青年，又粗略地认识了自己的
时代，再来看旧道德，旧文学，心中就生出了叛
逆的种子。一些青年逐渐地以至于突然地，打碎
了身上的枷锁，歌唱着冲出了封建的堡垒。"后
来成为中共"一大"幕后功臣的王会悟，当时正
在浙江湖州的教会学校学习，她因喜爱《新青年》
给陈独秀写信，陈独秀欣喜地回信说："没想到
我们的新思想影响到教会学堂了。"

与炙手可热的《新青年》相得益彰的是，由于
发起和领导了新文化运动，陈独秀成为当时中国思

想界叱咤风云的人物。1917 年 9 月，毛泽东、张昆弟来到蔡和森家长谈，张昆弟在日记中说："毛君润芝云，现在国民性情，虚伪相崇，奴隶性成，思想狭隘，安得国人有大哲学革命家，大伦理革命家，如俄之托尔斯泰其人，以洗涤国民之旧思想，开发其新思想。余甚然其言。……前之谭嗣同，今之陈独秀，其人者，魄力颇雄大，诚非今日俗学所可比拟。"毛泽东后来回顾说，他在湖南第一师范学校求学的时候，就开始读《新青年》了，"我非常钦佩胡适和陈独秀的文章。他们代替了已经被我抛弃的梁启超和康有为，一时成了我的楷模。"1919 年 7 月，毛泽东在《湘江评论》上，又称赞陈独秀为"思想界的明星"、"提倡近代思想最力之人"。

当然，在我们这些后人看来，新文化运动还是有时代的局限性，影响也不都是正面的。特别是新旧文化并非截然对立，正确的做法应该是对旧文化进行创造性转化，重点是将君本位改为民本位、抑商改为重商，而把旧文化一棍子打死的做法，显然是严重地扩大化了。

附录

制度、制度力和制度变迁

大 国 的 兴 衰 之 道

一、制度和文化的概念

1. 国家的兴衰

世界霸权的更替，历代王朝的兴衰，是古今中外的仁人志士都想求解和探究的宏大课题。在二十一世纪的今天，面对中华民族复兴的历史任务，重新思考这个课题，尤具重大的现实意义。我们的制度学札记，也就从这个课题开始切入和谈起。

放在时间的坐标轴上，国家的兴衰是一个连续上演的起伏跌宕的故事。如果在坐标轴上选取一个时间点去切，我们看到的会是这个国家的横断面，或者说这个国家的国情，包括人、物、技术和制度四个方面。

人既包括人的数量，也包括人的质量。人多力量大，人多意味着能干活的多，意味着能打仗的多，这当然是好事；但人也不是越多越好，人活一张嘴，总是要吃饭的，抢饭的人多了，超过了一定的度，也麻烦。人的质量就是人的素质，用经济学的眼光看就是人力资本，身心健康总比不健康要好，拥有丰富的知识和技能总比两眼一抹黑要好。

物当然包括大自然赋予的物质，但主要是指人类创造的物质。大自然赋予的物质哪怕再多，也总有用尽的时候，比如中东国家的石油，但人类创造物质却是没有止境的。在现实世界中，我们既可以看到像日本这样的资源穷国过富日子的例子，也可以看到像一些非洲国家这样的资源富国过穷日子的例子。

技术从最一般的意义上讲，就是指人与物的关系。技术有简单的，比如手拿肩扛，人人都会；也有复杂的，比如操作前沿的仪器设备，不是专业人员，连碰都不敢碰。先进的技术，意味着耗费同样的人力和物力，可以生产出更多更好的产品，落后的技术就不行。

制度反映的是人与人的关系，就像技术反映的是人与物的关系一样。人从一出生下来，就是社会人，就要和其他人打交道，而不可能脱离人群独立存在。这么多人共处一个生存空间却没有乱套，能沟通、能合作、能竞争，能过自己的小日子，能让社会正常运转，靠的是什么？制度！

国家的兴衰，看的基本上是前三项——人、物和技术，是以人的多寡及素质的高低、物质的丰富程度、技术的发达程度等来衡量的。再进一步说，人的生产及人力资本的投资，物质的创造，技术的发明及应用等，都是由人来完成的，而人的活动从来都是双向的，他既可以向好的方向努力，也可以向坏的方向努力，因此社会就需要拿出一套办法来规范人的活动，对其好的方面给予激励，对其坏的方面加以约束，而激励和约束正是制度的功能。所以，决定国家兴衰的是制度，正是作为国情构成之一的制度，影响了一个国家的发展和进步程度。

尽管国家兴衰的问题，可以从不同的角度去分析，但要说逻辑的源头，就是在这里！

2. 制度和文化

国家兴衰看制度，换个说法，就是国家兴衰的"制度决定论"。这里的制度，可以分为两块：一块是正式制度，比如国家颁布的法律、单位规定的纪律、乡村制定的村规民约等，也就是人们通常所称的"制度"；一块是非正式制度，比如宗教、信仰、道德、风俗、习惯等，也就是人们通常所称的文化。为便于分析问题，我们今后还是从狭义的角度来定义制度，将制度和文化视为两个相互对应的范畴。

制度也好，文化也好，都是人们交往时的规矩。一个人生活，像荒岛上的鲁滨逊，那是不需要规矩的，想干什么就可以干什么，天天翻跟头也没人管。多了一个人，情况就不一样了，你休息他干活，你往东他往西，两个人就没法在一个屋檐下生活。社会更是如此，什么是好、什么是坏，什么是对、什么是错，什么应该做、什么不应该做，诸如此类的问题，如果大家都没有一个统一的认识，没有一个共同的章法，那这个社会早就爆炸了，一天都维持不了。

制度和文化都是规矩，那它们的区别在哪里呢？很简单，一个是强制，一个是自愿。制度是强制的文化，文化是自愿的制度。或者说，制度由强制变为自愿，它也就成了文化；文化由自愿变为强制，它也就成了制度。

制度和文化相互转化，同样一件事，此时是文化、彼时是制度，此地是文化、彼地是制度，这样的例子不胜枚举。清军入关时，推出"薙发令"，留发不留头、留头不留发，这是制度；时间一长，汉人剃头扎辫子成了习惯，到辛亥革命的时候，许多人都舍不得剪掉辫子了，说明它已经变成了文化。不能随地吐痰，在中国只是一种文化，但到了管理得非常精致的新加坡，它就是一种制度，随地吐痰的人要受到重罚。还有计划生育，在时下的中国是国策、是制度，但在一些发达国家，它只是文化，甚至政府还要反过来鼓励人们生育，相信中国未来也会走到这一天。

3. 文化就是看法

制度是很好说清的，不论是国家制定的制度，还是地方和单位制定的制度，通常都是白纸黑字写下来的，非常容易分辨。但文化就不是这样了，文化的概念人们都在用，但要说清楚并不容易，在这里，我们给出一个简单明了的界定：文化就是看法，人与人之间有共同的看法，那就是文化。

文化的主体是人，所以，我们在说文化的时候，前面肯定要加上一个定语："谁的"文化？人群的划分多种多样，依年龄，依性别，依组织，依地域，依职业，依阶层，依政党，依国家，依民族，怎么都行。不同年龄段的人之间有代沟，不同的地方有不同的风俗，不同的政党有不同的信仰，诸如此类，说的都是文化上的差别。在划分出来的特定人群中，对同一问题的看法也可能不一样，多数人认同的看法属于主流文化，少数人认同的看法属于非主流文化或亚文化。当我们在说一个特定人群的文化时，通常都是指的主流文化。

紧接着，对什么问题的看法呢？非常宽泛，凡是涉及人与人的关系，而不是人与物的关系的问题，都可以。

这种看法，有的是以系统性的方式呈现出来的，诸如各种类型的宗教，五花八门的主义，各门社会科学和人文学科等。它们共同的特点，就是把许多问题搁在一起，"打包"叙述，逻辑上自成一体。像我们熟悉的马克思主义，就把哲学、政治经济学、科学社会主义等都包括了，涵盖范围很广。

还有的看法是以零散性的方式呈现出来的，也就是对一个个孤立的问题的看法，相互之间并无关联。诸如张三到底是好人还是坏人，李四的工作是不是称职，老人倒地究竟是该救还是不该救，美国打伊拉克是为了民主还是为了石油，等等。大到政治时局、国际关系，小到家长里短、鸡毛蒜皮，都可以。

人世间的问题实在是太多太多了，所以，从整体来看，系统性文化的作用范围，远不及零散性文化。

4. 零散性文化

不论哪种系统性文化，宗教也好，主义也好，社会科学和人文学科也好，通常都和制度类似，即都是以文字的形式，集中呈现出来的，所以，比较吸引人们的注意力。零散性文化则不同，大多存在于人们的头脑中，看不见摸不着，甚至自己根本就意识不到，因而容易被人们所忽视。其实，就发挥的社会功能和作用来讲，零散性文化和系统性文化是完全一样的，没有任何分别。

举几个耳熟能详的例子，具体地说说这个事。

第一个例子，"吐沫星子淹死人"。吐沫星子是指人说话，一个人说什么话，通常是他内心看法的反映。在一个小地方，比如一个村庄、一个社区、一个单位，人与人之间彼此熟悉，扎堆一聊天，张家长李家短，没有什么不知道的。这个时候就要注意啦，别说你干了什么坏事、错事，损害了其他人，就算你什么人都没影响，仅仅是不按常理出牌，或者是遭遇了意外的人生挫折，比如，该升学的时候没考上、该升职的时候没提拔、该结婚的时候没结婚、该要孩子的时候没要孩子，你照样会成为人们的议论对象。这种议论足以让你脸上无光，走路抬不起头来，甚至连待都待不下去。千人所指，无病而死，吐沫星子的威力，由此可见一斑。

第二个例子，"看法比宪法大"。在行政机关工作，人的成绩很难衡量，谁干得好、谁干得差，哪个本事大、哪个本事小，也没有一个明确的判断标准。在这种情况下，人在机关混得如何，能不能得到及时地提拔，与领导的关系就变得至关重要了。不仅如此，机关内的同事关系，很大程度上也是由领导对你的态度决定的——领导认可你，抬举你的同事就多；领导不认可你，疏远你的同事就多。因此，在机关内，什么事都可以不怕，就怕领导对你有看法，一旦有了看法，往往也就意味着你在这里混不下去了。

第三个例子，"得民心者得天下，失民心者失天下"。不管什么时代、什么国家，一个政权能不能立得住，最终起决定性作用的，肯定都是民心。民心在，哪怕遭遇再大的挫折，政权也能挺过去；民心失，可能稍遇风吹草动，政权就会呼啦啦地垮台。20 世纪 40 年代，共产党与国民党争夺天下，就是最好的证明。面对力量明显强于自己的国民党军队，共产党是做好了失败的准备的。在中共七大上，毛泽东非常激动地谈起了洪秀全，谈起了太平天国，他说太平天国有那么多人，最后都死在了南京，我们的选择就是宁可失败，绝不投降。出乎人们的预料，失去民心支持的国民党军队，竟然是不堪一击，共产党很快就转守为攻，以摧枯拉朽之势赢得了解放战争的胜利。

5. 再谈制度和文化

零散性文化是对一个个孤立的问题的看法，其中当然也包括对某个特定制度的看法。得到公众认可的特定制度，可以视为是零散性文化的外在表现。由此，这部分制度和文化的相互关系，就变得异常的简单，制度隐性化就是文化，文化显性化就是制度。

制度能不能隐性化为文化，取决于多项因素，诸如事情的性质、利益的大小、公众的素质，等等。有些事情说不清好坏，只与人的偏好相关，这样通过制度长时间的强制，新的偏好稳定下来了，制度就有条件隐性化。还是举前面提到的例子，清军入关时的"薙发令"，剃头扎辫子只是一种装束，不同的装束之间，很难说有什么实质性的差别，但汉人刚开始时不习惯，清廷就要强制，久而久之习惯了，"薙发令"也就变得多余了。与"薙发令"相比，计划生育的事情就要复杂得多，它与公众的生育偏好有关系，与养儿防老的利益诉求有关系，与多子多福、传宗接代的传统观念也有关系。随着社会的不断进步，社会保障制度会变得越来越健全，公众落后的传统观念会遭到摒弃，由此利益和传统的考虑逐渐被剥离掉，生育就会慢慢变成一件属于个人偏好范围内的事情，喜欢多生的人就可以多生，喜欢少生的人就可以少生，不喜欢生的人还可以不生。到这个时候，计划生育制度当然就可以废除了。

相应的，文化是不是需要显性化为制度，也是取决于多项因素，诸如事情到底有多严重，牵涉到多大的利益，公众的要求有多高，等等。杀人放火，打家劫舍，谁都知道不对，但离开了制度的硬性约束，还真不行。新加坡政府专门制定制度，惩罚随地吐痰，并不是因为新加坡人更喜欢随地吐痰，而只是因为他们对环境质量的要求更高。还有吸烟的例子，吸烟有害健康，这个人们都懂，但就是控制不住。随着人们健康意识的提高，一个总体的趋势，是对吸烟的制度约束越来越严，从有限的公共场所扩展到广泛的公共场所，从室内的公共场所扩展到室外的公共场所，等等。

附带提一句，有一种类型的文化，是无论如何都不会显性化为制度的，因为这种文化虽然管用，但摆不到桌面上，见光死。像一些地方的送礼文化，送出多少钱，能办多大的事，当多大的官，什么时候还礼，还礼不成怎么办，都有一套规矩，但就是不能明着来。近年来，这种文化还有了一个约定俗成的名称，叫做"潜规则"。

二、制度的特性

1. 制度的局限性

国有国法，家有家规，无论是哪一层面上的制度，在调整人与人的关系的过程中，都会面临着一些其自身无法克服的缺陷。

首先，制度通常都是白纸黑字写下来的，这就会受到文字本身局限性的制约。人们内心想表达的东西，与能够用文字表达出来的东西，存在着质的区别。这里的区别还不是指人们出于各种顾虑，不好用文字的形式，表达自己真实的所思所想，而是指你根本表达不出来。最明显的例子，当一个旅行者第一次见到茫茫无际的大草原，或者来到碧水蓝天的海边时，常常会心潮澎湃，"激动得说不出话来"。在这里，"说不出话来"的原因，很大程度上不是由"激动"造成的，而是由语言、文字的贫乏造成的。当人们形容一个人的心情好坏时，可供使用的文字仅有"一般"、"很"、"特别"、"非常"等少而又少的词汇，这些词汇怎么可能准确地表达出人们内心深处丰富而微妙的情感呢？还有，即便一个非常简单的物品，假如你想用语言、文字的形式把它说清楚，让没有见过这种物品的人，对该物品产生一个完整、准确的印象，也是根本不可能的。比如一盏台灯，它的底座是什么形状，分为几种颜色，不同颜色之间是如何搭配的，开关处于什么位置，开关的尺寸多大，灯泡安装在什么地方等等，细细探究一下就会知道，你根本表达不清楚；或者说，别人要想根据你的表达，把这盏台灯丝毫不差地画出来，是根本不可能的事情。制度的制定过程，也会面临类似的困境。

其次，制度总是粗线条的，不可能细化。即便文字没有毛病，可以把制度准确无误地制定出来，这样的制度也会非常笼统，做不到面面俱到。现在国家每出台一项法规或政策，相关部门和地方往往都会制定出配套的实施细则。其实，这样的细则哪怕再细，也细不到哪里去，因为现实生活是丰富多彩的，要想对遇到的每一种情况都作出相应的规定，然后按图索骥，看看人们的活动哪些符合规定，哪些不符合规定，丁是丁，卯是卯，并在此基础上直接操作是根本不可能的。最典型的刑法，针对同一种犯罪行为，根据情节轻重，规定判处的刑罚可以从拘役、有期徒刑，到无期徒刑，甚至直到死刑。面对一个个具体的案件，到底对犯罪嫌疑人怎样量刑才合适，恐怕是一个很难说清楚的问题，法官的自由裁量权是很大的，在一定的范围内怎么判都对。所以，与其说司法是社会正义的最后一道防线，法官是事实上的正义的化身，还不如说人们相信法官是主持正义、公正裁判的，或者说即便不相信，也没有更好的解决办法。

再次，制度总是滞后的，跟不上形势变化的。由于过往经验和认识水平的限制，对于将来可能出现的一些问题，人们是无法预知的。既然问题都无法预知，当然也就无从制定针对性的制度，也就是说制度的制定，会存在一定的滞后性。不仅如此，制度一旦制定出来，就会保持相对的稳定，人们对制度的遵守和执行也会变成自然而然的习惯，而世界无时无刻不在发生着变化，由于人们思维和行为惯性的作用，通常只有在制度已经明显地不适应周围的环境，到了不调整就不能维持的地步时，人们才会意识到改变制度的必要性和紧迫性，也就是说制度的变迁，同样会存在一定的滞后性。

2. 制度的公平性

制度既有强加于人的制度，也有自愿接受的制度。前者当然无公平可言，我们在这里所说的制度的公平性，指的是后者：一项得到人们普遍认可的好制度，它就是公平的吗？

为了说明这个问题，我们不妨举几个例子：

第一个例子，上班打卡制度。现在，许多单位制定的考勤制度，都会要求员工上班打卡，这样员工每天到单位的时间一目了然，如果出现迟到的情况，就会进行扣工资的处罚。单位有单位的规矩，如果员工动辄迟到，单位连正常的生产和工作秩序都不能保障，当然不行，所以对员工的上班情况进行考核，非常有必要。但是，有必要不一定意味着公平，比如，相对于离单位近的员工，离单位远的员工容易迟到；相对于没孩子的员工，需要先送孩子上学上幼儿园的员工容易迟到；相对于坐地铁上班的员工，坐公共汽车上班的员工容易迟到，等等。但是，单位制定考勤制度时，是不会考虑员工离单位远近、有没有孩子、怎么来上班等情况的，你能说这样的制度公平吗？

第二个例子，公交补贴制度。现在，许多城市为了防止道路拥堵，保护环境，政府都拿出相当一部分财力来，用于补助公共交通工具，把票价压得很低，鼓励市民乘地铁和公共汽车出行。这样一项看起来具有普惠制特点的制度，不同市民的受惠程度，其实还是不一样的。比如，每天坐公交上班的上班族，就比不用坐班的上班族沾光，更比很少出门的宅男宅女们沾光。

第三个例子，民主选举制度。民主是个好东西，一人一票选举议员、选举国家和地区领导人，这样的选举方式，相对于过去的小圈子选举或世袭，进步多了，似乎人类也想不出更好的选举方式了。但是，一人一票并不意味着公平，有钱、有名、有势的人的一票，与没钱、没名、没势的人的一票相比，含金量有着质的区别。这是因为，前者可以借助于自己的钱、名、势，去影响和左右更多的人，使自己的投票意向得到加倍的放大，让自己所属意的候选人更容易当选；而后者只可能被人影响和左右，却影响和左右不了别人，他的投票意向只能代表他自己。正是因为民主选举会出现这样的弊端，我们才能看到，世界上的许多民主国家都存在着政治世家，出身于同一个家族的人，在政坛上长期盘踞高位，哪怕被世人普遍认为民主制度相对完善的美国，都存在着长盛不衰的肯尼迪家族这样的政治世家。

我们举的这几个例子，并不是特例，而是经常发生的情况。制度总是一刀切的，而每个人的具体情况是千差万别的，制度表面上一视同仁的公平，掩盖的往往是不公平的实质。

3. 制度的正确性

一项得到人们普遍认可的好制度,不但不一定公平,而且还不一定正确。当然,这里的不正确,是指少数情况下的不正确,如果多数情况下都不正确,那这项制度就没有必要存在了。

举个典型的例子,现在,许多人都在讨论"中国式过马路",什么意思?就是说中国人过马路,根本不看交通信号灯,凑够一撮人就可以走了,和红绿灯无关。在人多车多的马路,设置红绿灯,是世界各国的通行做法,因为这样可以保证交通顺畅,减少事故的发生。但是,这项制度的执行,在中国却打了折扣,于是许多人都称赞外国人的做法:在十字路口遇到红灯,哪怕只有一个人,他也要等到变成绿灯时,才会过马路。问题是这样机械地守规矩,从实际效果上讲,就一定正确吗?

其实是不正确,因为红绿灯针对的就是人多车多的情况,如果只有一个人,当然是闯红灯好,这样既节省了自己的时间,也不会对别人造成任何负面影响,何乐而不为呢?只是这个口子一开,人们自然就会想:既然一个人的时候,可以闯红灯,那两个人、三个人的时候,难道就不能闯红灯吗?如此推演下去,到底有多少人的时候,才不适宜闯红灯,就是一个无法说清的事情了。于是乎,就只能统一规定,不管什么情况,都是红灯停绿灯行,这是没有办法的办法。

还有前面提到的三个例子,也都存在制度不正确的情况。上班迟到扣工资,在正常情况下是合理的,但遇到天灾人祸、大风大雨的极端情况,还照样扣工资,就是不合理的了。对公交实行补贴,压低公交票价,会影响相当一部分市民的出行习惯,但对收入高的市民,几乎没有影响,因为他们根本不会在乎那点儿钱。民主制度也是如此，用英国前首相丘吉尔那句著名的话来说，"民主是个不好的制度，但是，还没有发现比它更好的制度，所以我们不得不用它"。众所周知，希特勒就是靠民主选举上台的，但我们不能因此就将民主一棍子打死，因为在绝大多数情况下，民主即便选不出德行最高、能力最强的领导人来，最起码也可以淘汰掉那些德行和能力不济的候选人。

三、制度、文化和人

1. 制度的背后是文化

制度不是孤零零的条文，它是有着自己的支持系统的，这个支持系统就是文化。

制度的背后是文化，有两个含义：一个含义是指，制度要得到文化的认可，人们都认为制度是正当合理的。得不到文化认可的制度，要么执行成本高昂；要么得不到有效执行，甚至会变成一纸空文，最终不得不废除。

以前面提到的"薙发令"为例，在汉人眼里，"身体发肤，受之父母，不敢毁伤"，这是孝道。正因为汉人的文化不认可"薙发令"，汉族男子强烈地抵制这件事，所以清朝统治者才不得不动用超高压的手段，要汉族男子在留头、留发之间，作二选一的选择，执行成本不可谓不高。

清朝统治者在强迫汉族男子剃头扎辫子的同时，还极力反对汉族女子的缠足风俗，一再下令禁止汉族女子缠足。顺治二年起就下诏禁止，康熙三年时再下禁令："元年以后所生之女若有违法裹足者，其父有官者交吏兵二部议处，兵民则交付刑部责四十板，流徒。家长不行稽查，枷一个月，责四十板。该管督抚以下文职官员有疏忽失于觉察者，听吏兵二部议处。"尽管惩罚措施非常严厉，但毕竟还没达到"留发不留头"那样的极端程度，汉族女子竟然顶住了。到康熙七年，清朝统治者终于不得不解除了缠足之禁，汉族女子又可以公然缠足了，故而有了"男降女不降"之说。

另一个含义是指，制度是嵌入到文化当中的，制度在解决问题的时候，往往需要得到文化的配合。

还是举例子，1976 年，美国和法国的教授就一起关于"当事人的殴打行为是否属于正当防卫"的案件，搞了一个实验：他们依照相同的法律，分别采用不同的诉讼模式进行审理，看看结果会是怎样的。

他们的实验是这样的：法国的教授分为两组，一组用法国自己的诉讼模式来审，另外一组用美国的诉讼模式来审。与此相对应，美国的教授也分为两组，一组用美国自己的诉讼模式来审，另外一组用法国的诉讼模式来审。案件审完以后，人们发现了一个很有趣的现象：法国的教授用法国模式进行审判与法国的教授用美国模式进行审判，审判结果的差别比较小；而法国的教授用美国模式进行审判与美国的教授用美国模式进行审判，审判结果的差别比较大。同时，美国的教授用美国模式进行审判与美国的教授用法国模式进行审判，审判结果的差别比较小；而美国的教授用法国模式进行审判与法国的教授用法国模式进行审判，审判结果的差别比较大。

这就是说，面对同样的案件，面对同样的法律，不同国家的人判决会产生不同的结果，用不同的诉讼模式判决也会产生不同的结果，但不同国家的影响要大于不同诉讼模式的影响。而不同国家影响的实质，说到底就是不同的文化。因此，文化是与法律和诉讼模式一道，共同在判决中发挥作用，而且还是比较大的作用。

不仅是国家的法律，任何层面上的制度实施过程，都离不开文化，这是由制度的局限性决定的。

2. 文化的背后是人

文化就是看法，究竟是什么人的看法？或者说，这里的人，有着怎样的规定性呢？

人性的特点之一，是有限理性。经济学假定人是理性的，指的是一个人在做决策时，在他可作的选择中，总会选择那个最好的。比如，让一个人白白拿钱，包括10块、20块、30块三种选择，他会选择30块；让一个人白白掏钱，同样是10块、20块、30块三种选择，他会选择10块。有人也许会说，这不就是说人不傻吗？确实是，经济学特别强调人的理性假定，实际上，这个假定不只是经济学的假定，而是所有社会科学和人文学科的共同假定，像政治学对权力制衡的设计，历史学对事件的来龙去脉的分析，犯罪学对嫌疑人犯罪动机的推理等，背后隐含的都是人的理性假定。

人的理性假定最为贴近实际，但不意味着人在任何时候、任何情况下都是理性的。在日常生活中，人经常会说错话、做错事，说完做完后就后悔，抱怨没有后悔药可吃，就充分地说明了人的理性的有限性。不但个人的理性是有限的，集体的理性也是有限的，像建国后中国选择了计划经济，就不是理性的选择，以至于从 20 世纪 70 年代末开始，又不得不搞以市场经济为目标的改革。所谓的改革，实质上就是改错。

人的理性假定，直接决定了人不是完人，做不到大公无私。但这不等于说，在任何人面前，或者在任何事情上，人都是自私的。人是不是自私，关键是看在他的内心中，如何比较自己的利益和别人的利益，如果他认为自己的利益更重，对外表现出来就是自私；如果他认为别人的利益更重，或者自己的利益和别人的利益一样重，对外表现出来就是不自私。"砍头不要紧，只要主义真。杀了夏明翰，还有后来人！"你能说夏明翰自私吗？不只是夏明翰，鸦片战争以来，无数仁人志士为了中华民族的独立、富强和民主，抛头颅、洒热血，你能说他们自私吗？

人性的特点之二，是无限欲望。人在不好的时候，就会想好；人在好的时候，就会想更好。凡是人，都会有欲望，而且原来的欲望实现后，紧接着便会产生新的欲望，永远都没有满足的时候，这是人的天性。所谓天性，就是与生俱来，过去、现在和将来都是如此，不会随着物质产品的丰富而改变，也不会随着道德水准的提高而改变，所谓"按需分配"之类，都是不切实际的空想。人的无限欲望不是什么坏事，人类社会不断的发展进步，靠的正是这一点。如果人都没有欲望了，没有前行的动力了，人类社会的发展进步也就停止了。

人性的特点之三，是性本善。性恶还是性善，是古今中外的人们争论不休的话题。我们这里说性本善，指的是单纯从人的内心来讲，都是欣赏好人好事、排斥坏人坏事的，当好人、做好事的时候，首先心里会高兴和舒坦，也就是获得心理收益；当坏人、做坏事的时候，首先心里会难受和别扭，也就是付出心理成本。心理收益和心理成本，看不见摸不着，却是实实在在地存在着，相信人们在日常生活中，都会对此有深切的体验。

3. 人的看法的由来

人都是有看法的，那这个看法究竟从何而来呢？归结起来，不外乎以下四个方面：

一是利益。人处于什么样的位置，拥有什么样的利益，就会持有什么样的立场和观点。随着位置和利益的变化，人的立场和观点也会随之变化，用一句俗话说，就是屁股指挥脑袋，这属于人的本能。买东西的人总嫌东西贵，卖东西的人总嫌东西便宜；企业的工人总觉得工资低，企业的老板总觉得工资高。将人的角色调换一下，让买东西的人去卖东西、让卖东西的人去买东西，让企业的工人去当老板、让企业的老板去当工人，他们说的话立马变样。

　　日常生活如此，有的理论也是如此。西方经济学认为，资本带来利润，土地带来地租，劳动带来工资，每种生产要素的投入，都会带来相应的回报，谁也不欠谁的。马克思主义政治经济学却认为，这个"三位一体的公式"貌似合理，实则庸俗，因为只有劳动才创造价值，资本和土地都不创造价值,利润和地租应该归属劳动者，而不应该归属资本家和地主。哪种说法正确？很难讲，因为两种说法所站的位置不同，马克思主义政治经济学是从工人阶级的利益出发考虑问题，西方经济学更多地是从资产阶级的利益出发考虑问题。

　　二是信息。举个例子，两个人闹矛盾，如果只听一面之词，觉得理都是他的，毛病都是对方的，但如果也听对方说一说，结论可能就大不一样了，这也就是人们常说的"兼听则明、偏听则暗"，说到底就是信息改变看法。

三是信息加工能力。面对同样的信息，人的年龄阅历不同，知识储备不同，经验积累不同，得出的结论也就不同。警察在公共汽车上抓小偷，貌似简单，其实也是个技术活：最初的时候，看着谁都不像是小偷，不知道要盯谁；过一段时间后，又看着谁都像是小偷，哪个人都想盯；再过一段时间后，就会根据乘客的穿着打扮、眼神投向、细微动作等，比较准确地判断出哪个人可能是小偷，需要重点盯了。在这三个阶段中，小偷的表现是没有变化的，变化的是警察的经验或者说信息加工能力。

四是偏好。北方人习惯吃面食、南方人习惯吃米饭，中国人吃饭用筷子、西方人吃饭用刀叉，这就是偏好。人与人的关系也是如此，有的地方的人收到礼物后，不当面打开，免得给人留下财迷的印象；有的地方的人收到礼物后，当面打开，做惊喜状，为的是让送礼者高兴；

有的地方的人收到礼物后，不但当面打开，做惊喜状，而且还要还回去，并不收下。这三种收到礼物后的做法，哪一种更好呢？很难讲，根本没法比较。

同理，一个人生在泰国就信仰佛教，生在马来西亚就信仰伊斯兰教，生在菲律宾就信仰天主教，你说谁的信仰对？谈恋爱的时候，有人喜欢找胖子、有人喜欢找瘦子，有人喜欢找高个、有人喜欢找矮个，你说谁的喜好对？所谓偏好，就是很难说有好坏之分，也没有多少道理可讲，然而却又实实在在地支配着你言行的一些东西。

四、文化变迁和制度变迁

1. 文化变迁的特性

文化变迁就是从旧文化到新文化的变迁。对一个特定的人群而言，当多数人的看法都发生了变化的时候，我们就说发生了文化的变迁。

文化变迁具有以下三个方面的特性：

一是诱致性。人的看法变化，具有自愿自发的特点，谁也强制不了，这就直接导致了文化变迁的诱致性。在网上看到过一句俏皮话，说世界上最难的事情，是把自己的看法放进别人的脑袋，把别人的钱财放进自己的口袋。实际上，这两件事情还真不是一个层级的，前者比后者要难得多。毛泽东从延安整风运动开始，一直到"文化大革命"，就是不断地尝试着把自己的看法，放进所有党员的脑袋，从思想上改造党，进而使党的前进步伐，跟上自己看法变化的步伐。在这个过程当中，有比较成功的时候，但更多的时候是挫折和失败。像在"文化大革命"期间，张治中就直接对毛泽东说："毛主席啊，您老人家走得太快了，我跟不上"。跟不上的岂止张治中，几乎没有人能跟得上，以毛泽东威望之高、权力之大，都做不到的事情，其他人就更难做到了。当然，毛泽东的看法是对还是错，别人跟不上是好事还是坏事，这是另一个问题，我们在这里存而不论。

二是渐进性。人的利益在变化，获取的信息和信息加工能力在变化，偏好在变化，导致人的看法，也在不断地发生变化。这种变化只能是渐进式的，或者说在边际上出现，不可能在短时间内，就发生突变。一个原本熟悉的人，相隔多少年后再见面，发现交流不在一个频道上了，没有共同语言了，这有可能；但要说几天后，就发现他像换了一个人似的，变成了熟悉的陌生人，没有这种可能性。一个人的看法变化是渐进式的，多个人的看法变化或者说文化变迁，就更是渐进式的了。

三是隐蔽性。看法与说法和做法还不太一样，看法是在内心，说法和做法是在表面。看法决定说法和做法，但在外界的压力或诱惑下，说法和做法也会经常背离看法，出现心口不一、言行不一的情况。所以，人们的看法变化了，外人不太容易察觉得到。这种文化变迁的隐蔽性，有时可能会造成非常严重的后果。比如，老百姓对一个政权合法性的看法，借用黄炎培的话说，"初时聚精会神，没有一事不用心，没有一人不卖力"，这时政权的合法性是最高的；"既而环境渐渐好转了，精神也就渐渐放下了"，这时政权的合法性便开始下滑；"历时长久，自然地惰性发作，由少数演为多数，到风气养成，虽有大力，无法扭转，并且无法补救"，这时政权的合法性就岌岌可危了；紧接着上演的便是"人亡政息"的悲剧，真所谓"其兴也勃焉，其亡也忽焉"。这个历史的周期律，或者说政权合法性的流失是静悄悄的，神不知鬼不觉，但却是实实在在地发生着，决定着一个封建王朝的兴衰更替。

2. 制度变迁的特性

制度变迁就是从旧制度到新制度的变迁。与文化变迁不同的是，制度变迁的特性要丰富和复杂一些：

首先，制度变迁有可能是诱致性的，也有可能是强制性的。制度变迁的前提，是制度变迁的收益超过成本。然而，这里的收益和成本，在不同人之间的分配是不一样的，这就涉及到制度主体的划分问题。

制度主体包括两个方面：一方是制度提供者，也就是决定制度出台的人，比如，一个国家的政府，一个企业的经营者，一个单位的领导，等等；另一方是制度接受者，也就是制度管束的人，比如，一个国家的国民，一个企业的工人，一个单位的员工，等等。当制度提供者和制度接受者相一致的时候，制度变迁当然是诱致性的，比如，一部非常重要的法律过时了，经过全民投票进行修改；或者一个股份制企业的章程出了漏洞，经过全体股东投票进行完善，等等。但当制度提供者和制度接受者不一致的时候，制度变迁就有可能出现强制的情况，也就是多数的制度接受者，并不认可这样的制度变迁。设想一种最极端的情况，假如一项制度变迁的收益，都归了制度提供者，而成本都要由制度接受者承担，这样的制度变迁，制度接受者怎么会欢迎呢？

其次，制度变迁有可能是渐进性的，也有可能是激进性的。制度变迁可以以渐进的方式进行，成熟一项推出一项；也可以以激进的方式进行，在短时间内就推出一揽子的变革措施。当然，渐进与激进是相对而言的，相互之间并没有一个明确的界限。晚晴的洋务运动，在一些满族权贵眼里属于激进，但相对于后来的戊戌变法，光绪皇帝在 103 天的时间内，发布二三百条上谕，就又属于渐进。同理，戊戌变法的激进，相对于再后来改朝换代的辛亥革命，毫无疑问也属于渐进。

再次，制度变迁具有公开性。宗教条文变了，主义内容变了，企业文化的说法变了，如果相关的人们，心里并不认可，我们就不能说发生了文化的变迁。但制度变迁就不一样了，因为不管人们心里是不是认可，新制度都是要执行的，这就是制度变迁的公开性。

3. 文化变迁和制度变迁的关系

制度的背后是文化，这就直接规定了文化变迁和制度变迁之间的关系：文化变迁决定制度变迁，文化变迁发生后，制度变迁或迟或早总会发生。

如果制度提供者和制度接受者相一致，制度变迁的滞后就是技术性的，也就是由于人们思维和行为惯性的作用，从问题出现后被意识到，到相互之间沟通达成比较一致的意见，再到启动制度变迁的程序，直至完成制度变迁的过程，通常都会延误一段时间，这是没有办法的事情，谁也避免不了。但如果制度提供者和制度接受者不一致，制度变迁的滞后除了技术性的因素之外，很可能还有原则性的因素，也就是制度提供者出于既得利益的考虑，不愿意变革现有的制度，而在力量上处于弱势的制度接受者，一时对此毫无办法。注意，即便是这种情况，也仅仅是"一时"，从长远来看，制度变迁肯定还是会发生，这是不以任何人的主观意志为转移的。比如，如果大家都认为"民主是个好东西"，即便一些人嘴上不承认，心里也承认，那力量对比迟早会发生变化，民主终有一天会到来。

如果不是文化变迁在前，而是制度变迁在前，上述关系还可以换一种说法：制度变迁要得到文化变迁的配合，得不到文化变迁配合的制度变迁，很难稳定下来。当然，只有强制性制度变迁，才会出现这种情况。

我们在生活中可能看到过这样的事情，有的人平房住久了，不愿去住楼房，因为平房不用上下楼，进来出去方便，闲着没事的时候，还能和老街坊邻居唠唠嗑，感觉这样的生活挺好。后来遇到拆迁，没办法了，不得不搬到楼房居住，但时间一长，他实地感受到住楼房的好处，比如夏天屋里不发潮，不用担心房屋漏雨，冬天不用挨冻去卫生间，就又舍不得离开了。制度变迁也会出现类似的情况，有的制度接受者已经习惯了原来的工作或生活方式，对于贸然实施的新制度，他们出于不适应，或感到未来不确定性增加的考虑，刚开始时会进行本能的抵制。但新制度实施一段时间以后，他们感受到新制度的优点，你让他们再返回到旧制度下工作或生活，他们肯定不干了。

20 世纪 80 年代初，我们国家在农村推行家庭联产承包责任制，一些地方的农民就不是太愿意。因为分田单干之后，要自己养牲口，自己置办全套农具，地里的大小农活都要自己操心，他们觉得麻烦事太多。但家庭联产承包责任制真的实行以后，他们的收成增加了，收入提高了，不用再忍饥挨饿了，不用再听生产队长吆三喝四了，他们得到了实实在在的好处，到这个时候，家庭联产承包责任制才算真正得到了他们的认可，成了农村的一项最为基本的经营制度。

五、制度力、文化力和社会资本

1. 制度力

制度的制定是一回事，制度的执行是另一回事。衡量制度执行状况的指标是制度力，如果制度能够得到有效地执行，那就是制度力强；如果制度得不到有效地执行，那就是制度力弱。

制度力究竟是强还是弱，主要取决于执行制度的机构，是不是足够的独立。对于一个国家而言，就是能否做到司法独立。在司法独立的情况下谈法治，那是真正的法治；在司法不独立的情况下谈法治，那是假冒的法治。而司法能否独立，又取决于司法权是否分立，更简单点说，就是看这个国家是否有最高领导人。如果有最高领导人，那司法最起码不能独立于最高领导人，换句话说，如果最高领导人犯法，或者最高领导人的子女、亲属、秘书犯法，那司法机构就只能干瞪眼，根本没有办法惩治。既然最高领导人有超越法律的特权，以此类推，那二号领导人、三号领导人，或者其他领导人，为什么就不能有超越法律的特权呢？都会有的，只不过特权变得小一点而已。如此一来，法律的权威性必然会大打折扣，甚至蜕化为有权者震慑无权者、权力大者震慑权力小者的工具。

对于企业这样的微观组织而言，当然没必要像国家那样讲究，还成立一套独立的执行制度的机构。在这种情况下，制度的执行状况如何，就是取决于企业经营者个人了。企业经营者带头遵守制度，制度力就强；企业经营者带头违反制度，制度力就弱。制度力弱，企业小的时候，可能还没有什么，但当企业发展到一定规模，如果企业经营者还是不注意，制度力还是提升不上来，那企业未来的前景就难言乐观。有的企业为什么规定高级管理层的子女，一律不得进入本企业工作？就是担心这些子女会成为企业内的特殊人物，制度碰到他们的时候，会在一定程度上失效，进而导致整个制度的执行，都受到严重的负面影响。

2. 文化力

制度力的强弱，背后反映出来的是人们对制度敬畏之心的强弱。文化力说的也是文化对人们内心的影响程度，如果文化在人们的内心中"扎"的比较深，那就是文化力强；如果文化在人们的内心中"扎"的比较浅，那就是文化力弱。

文化力不是一个多么抽象的概念，从我们的日常生活中，就可以清晰地感知出来。同样是婚姻，建立在感情基础上的婚姻，与建立在利益基础上的婚姻比较，婚姻的质量肯定不一样；同样是爱孩子，爱自己的孩子，与爱别人的孩子比较，爱的层次肯定不一样；同样是朋友，从小一起玩大的发小，与偶尔认识的人比较，友情的浓重程度肯定不一样。婚姻和友情也好，对孩子的爱也好，涉及的都是人与人的关系，都可以纳入文化的范畴。由此，婚姻质量好，爱孩子的层次高，友情很浓重，换成一个统一的说法，就是他们之间的文化力强。

从日常生活上升到宏大命题，上升到对主义和宗教的信仰，道理还是一样。像毛泽东说白求恩，作为加拿大共产党员，五十多岁了，为了帮助中国的抗日战争，不远万里，来到中国，不幸以身殉职。"一个外国人，毫无利己的动机，把中国人民的解放事业当作他自己的事业，这是什么精神？"，答案其实就是共产主义的信仰，在白求恩的内心中"扎"的比较深。类似的，切·格瓦拉作为阿根廷人，参加菲德尔·卡斯特罗领导的古巴革命，革命胜利后辞去政府要职，离开古巴，到刚果（金）、玻利维亚等国试图发动共产主义革命，最后在丛林中，遇到玻利维亚政府军伏击，受伤被捕后，惨遭杀害。切·格瓦拉另类选择的背后，也是对共产主义的坚定信仰。再举个可能不太恰当的例子，本·拉登作为沙特阿拉伯人，放着优裕的富翁生活不过，22 岁就放弃学业，前往阿富汗反抗苏联的侵略，随后建立基地组织，发动包括"9·11"事件在内的多次恐怖袭击，直至 2011 年 5 月被美国军队击毙。人们称本·拉登是伊斯兰原教旨主义者或宗教极端主义者，也就是因信仰伊斯兰教而走火入魔的人。但换个角度，如果我们不论本·拉登信仰的好坏，单就他对信仰的忠诚程度而言，他与白求恩和切·格瓦拉，其实是一样的。

有了文化力和制度力的概念，我们前面所说的"制度的背后是文化"，就可以换一种论述方式了：面对同样的事情，当文化力遭遇制度力，如果两者的作用方向一致，那就没有什么；如果两者的作用方向相反，那就会出现两种可能的结果：一种结果是制度力大于文化力，此时文化被压制，制度得到执行；另一种结果是文化力大于制度力，此时制度被架空，文化得到贯彻。清初，针对汉族男子的"薙发令"得到执行，属于前一种结果；针对汉族女子的缠足禁令未得到执行，属于后一种结果。

3. 社会资本

一个人拥有的资本，除了物质资本和人力资本之外，还包括社会资本。与物质资本和人力资本只取决于个人不同，社会资本是取决于人与人的关系。

具体地说，一个人拥有的社会资本，取决于三个方面的因素：一是关系主体的多少。这里的关系主体，既可以是个人，也可以是企业、学校、社团、政府等组织，当然组织的背后还是个人。二是关系的好坏和强弱。打交道的人不是越多就越好，如果朋友多当然是好事，如果仇人多那就很麻烦；同样是打交道，铁哥们和一般朋友不一样，签有合同和口头之约也不一样。三是关系主体的能量。如果是朋友，他的本事越大，你越得益；如果是仇人，他的本事越大，你越倒霉。这三个方面的因素合在一起，加减乘除一换算，得到的就是一个人的社会资本的数值。

有了社会资本的概念，我们就可以从这个角度，重新描述日常生活中司空见惯的一些现象。比如，大家都知道熟人好办事，面对同样的一件事情，公事公办要花100块钱，托一下熟人就只花80块钱，那省下的20块钱，就是社会资本的变现。有的人为人豪爽大方，喜欢结交朋友，平时闲着没事就请客喝酒，这属于社会资本的投资。有的官员得势的时候，家门前一天到晚车水马龙，七大姑八大姨都过来攀关系，但一旦失势，很快门庭冷落，究其原因，就是这些人觉得，进行此项社会资本投资的回报少了，变得不值得了。

组织跟个人一样，也拥有自己的社会资本。组织对外的社会资本，其决定因素与个人相同，如果说有所差别的话，也就是个人的关系主体，可能其他个人多一些；而组织的关系主体，可能其他组织多一些。组织对内的社会资本，取决于组织内的制度和文化，以及制度力和文化力。或者说，制度和制度力构成制度资本，文化和文化力构成文化资本，它们合成为社会资本。组织内的制度和文化越完善，制度力和文化力越强、作用方向越一致，则组织对内的社会资本越大；反之，组织内的制度和文化越缺位，制度力和文化力越弱、作用方向越不一致，则组织对内的社会资本越小。

组织对内的社会资本，直接决定了组织的凝聚力和战斗力。企业招收新员工，要求新员工"入模子"，自觉接受企业现有的制度和文化；党组织发展新党员，不但要求新党员组织上入党，还要求思想上入党，而且必须面向党旗进行入党宣誓，要"拥护党的纲领，遵守党的章程，履行党员义务，执行党的决定，严守党的纪律，保守党的秘密"，说到底就是为了企业和党组织对内的社会资本的保值增值，保证企业和党组织的凝聚力和战斗力。

蒋铁刚著作一览

塞疆，《阻力——影响中国社会经济发展的重大问题》，中国时代经济出版社，2005 年 1 月。

蒋铁刚，《给中国老板的第一份内参》，中国时代经济出版社，2005 年 1 月。

塞疆，《我们这个时代的人》，团结出版社，2014 年 4 月。

野夫，《复兴大业》，新加坡南洋出版社，2020 年 5 月。

蒋铁刚，《大国的兴衰之道》，新加坡南洋出版社，2022 年 5 月。

塞疆，《中国国富论》，新加坡南洋出版社，2022 年 5 月。

蒋铁刚，《国有企业的特性和改革》，新加坡南洋出版社，2022 年 5 月。

塞疆，《天地翻覆静悄悄----中国经济体制改革简史》，新加坡南洋出版社，2022 年 5 月。

蒋铁刚所发表文章

蒋铁刚，《二元社会心理结构、农村城市化与户籍制度的改革》，《农村社会经济学刊》,1994 年第 1 期。

塞疆，田勇，《1995—1996 年经济形势回顾与展望》，中国改革杂志社《改革内参》,1996 年第 1 期。

塞疆，《别把转变经济增长方式只挂在嘴上》，中国改革杂志社《改革内参》,1996 年第 2 期。

塞疆，《中国法律不要"洋"化——访青年法学家朱苏力博士》，中国改革杂志社《改革内参》,1995 年第 5 期。

塞疆，《化肥限价喂肥了中间商》，中国改革杂志社《改革内参》,1996 年第 8 期。

塞疆，《国有企业改革停摆要误事》，中国改革杂志社《改革内参》,1996 年第 15 期。

塞疆，《以史为鉴 寻根溯源——温铁军谈村民自治与农民负担》，中国改革杂志社《改革内参》,1996 年第 20 期。

塞疆，《放小：国企改革真正破题》，中国改革杂志社《改革内参》,1996 年第 21 期。

塞疆,《村民不自治怎能松绑》,中国改革杂志社《改革内参》,1996 年第 23 期。

塞疆,《轻工总会进退两难——访著名经济学家戎文佐教授》,中国改革杂志社《改革内参》,1997 年第 4 期。

塞疆,《农业产业化热的背后——农村改革试验区副主任关锐捷访谈录》,中国改革杂志社《改革内参》,1997 年第 19 期。

塞疆,《启蒙:中国走向法治第一步》,中国改革杂志社《改革内参》,1998 年第 2 期。

蒋铁刚,《民主的蝴蝶在飞——荣敬本教授访谈录》,中国改革杂志社《改革内参》,1998 年第 3 期。

塞疆,《敲响公正的警钟——秦晖访谈录之一》,中国改革杂志社《改革内参》,1998 年第 5 期。

塞疆,《企业改革要民主——秦晖访谈录之二》,中国改革杂志社《改革内参》,1998 年第 6 期。

塞疆,《证券民主化的反思——秦晖访谈录之三》,中国改革杂志社《改革内参》,1998 年第 7 期。

塞疆，《轻工业要走好机构改革路——访著名经济学家戎文佐教授》，中国改革杂志社《改革内参》,1998 年第 8 期。

蒋铁刚，《从政治体制改革到政治体制突破——访青年政治学家刘军宁博士》，中国改革杂志社《改革内参》,1998 年第 14 期。

蒋铁刚，《戊戌变法百年祭》，中国改革杂志社《改革内参》,1998 年第 21 期。

蒋铁刚，《粮改困境出路何在——访北大中国经济研究中心卢锋博士》，中国改革杂志社《改革内参》,1998 年第 22 期。

蒋铁刚，《谨防农村改革的陷阱——访中国社科院党国印博士》，中国改革杂志社《改革内参》,1999 年第 2 期。

蒋铁刚，张辉，《揭开过剩经济的面纱》，中国改革杂志社《改革内参》,1999 年第 12 期。

蒋铁刚，《走出通货紧缩的泥潭——访北京国民经济研究所樊纲博士》，中国改革杂志社《改革内参》,1999 年第 20 期。

塞疆，《中国修宪帷幕已徐徐拉开》，《环球财经专递》,2003 年 7 月 14 日第 1 期华语版。

塞疆，《布什非洲之"履"可能会使这块"净土"不再平静》，《环球财经专递》，2003 年 7 月 21 日第二期华语版。

蒋铁刚，《现代企业应强化对核心员工的管理》，《环球财经专递》，2003 年 7 月 21 日第 2 期华语版。

蒋铁刚，《中日之间到底有什么大不了的问题》，《环球财经专递》,2003 年 7 月 28 日第 3 期华语版。

塞疆，《中国可能会错过一次难得的"崛起"机遇》，《环球财经专递》,2003 年 8 月 4 日第 4 期华语版。

蒋铁刚，《且看朝鲜的核危机闹剧如何收场》，《环球财经专递》,2003 年 8 月 4 日第 4 期华语版。

塞疆，《印度超过中国的可能性到底多大？》，《环球财经专递》,2003 年 8 月 4 日第 4 期华语版。

塞疆，《中国官方对是否会出现通胀仍把握不定》，《环球财经专递》,2003 年 8 月 11 日第 5 期华语版。

塞疆，《台湾真的"公投"怎么办？》，《环球财经专递》,2003 年 8 月 11 日第 5 期华语版。

塞疆，《企业家离政治多远才算安全？》，《环球财经专递》,2003 年 8 月 18 日第 6 期华语版。

塞疆，《要自主开发还是要自主品牌》，《环球财经专递》,2003 年 8 月 25 日第 7 期华语版。

塞疆，《台当局应静思：有没有比台独更好的命题》，《环球财经专递》,2003 年 8 月 25 日第 7 期华语版。

蒋铁刚，《北京对在香港建立人民币离岸中心态度谨慎》，《环球财经专递》,2003 年 8 月 25 日第 7 期华语版。

蒋铁刚，《人类能否走出宗教的困惑》，《环球财经专递》,2003 年 9 月 1 日第 8 期华语版。

塞疆，《北京方面应对"台湾独立"作出清晰界定》，

《环球财经专递》，2003 年 9 月 8 日第 9 期华语版。

塞疆，《朝核问题北京六方会谈没有实质性进展》，《环

球财经专递》，2003 年 9 月 8 日第 9 期华语版。

蒋铁刚，《关键是中国的法治基础仍然很脆弱》，《环球

财经专递》，2003 年 9 月 15 日第 10 期华语版。

塞疆，《审视令人"哭笑不得"的资本过剩》，《环球财

经专递》，2003 年 9 月 15 日第 10 期华语版。

塞疆，《中共十六届三中全会可能涉及的经济改革内容》，

《环球财经专递》，2003 年 9 月 22 日第 11 期华语版。

塞疆，《中国工会的工作重心正在发生深刻变迁》，《环

球财经专递》，2003 年 9 月 29 日第 12 期华语版。

塞疆，《中国学者不要再对"诺贝尔奖"单相思了》，

《环球财经专递》，2003 年 10 月 13 日第 13 期华语版。

塞疆，《谁当选美国总统对中国而言已无关紧要》，《环

球财经专递》，2003 年 10 月 13 日第 13 期华语版。

塞疆，《政务官与事务官"一勺烩"的管理体制代价太大》，《环球财经专递》,2003 年 10 月 20 日第 14 期华语版。

塞疆，《关于中日关系的争论该收场了》，《环球财经专递》,2003 年 10 月 20 日第 14 期华语版。

塞疆，《中国睦邻外交的新政策底蕴深厚》，《环球财经专递》,2003 年 10 月 25 日第 15 期华语版。

塞疆，《中共反腐思路正在发生静悄悄的变化》，《环球财经专递》,2003 年 11 月 3 日第 16 期华语版。

塞疆，《中国的嬗变——25 年改革开放的回顾与思考（之一）》，《环球财经专递》,2003 年 11 月 17 日第 18 期华语版。

蒋铁刚，江濡山，《中国的嬗变——25 年改革开放的回顾与思考（之二）》，《环球财经专递》,2003 年 11 月 24 日第 19 期华语版。

塞疆，《英美特殊关系出现衰退迹象》,《环球财经专递》,2003 年 12 月 15 日第 22 期华语版。

塞疆，《北京要不要适时推出第三份台湾问题白皮书》，

《环球财经专递》,2003 年 12 月 22 日第 23 期华语版。

塞疆，《回首，2003：中国开始"拐大弯"》，《环球财经专递》,2004 年 1 月 26 日第 03、04 期,同时以佚名的身份,《光明观察》,2004 年 1 月 13 日。

蒋铁刚，《令计划之后的"大老虎"》，《联合早报》,2015 年 1 月 29 日。

蒋铁刚，《妄议习近平的政治偶像》，《联合早报》,2015 年 2 月 25 日。

蒋铁刚，《"党大还是发大"的玄机》，《联合早报》,2015 年 3 月 6 日。

蒋铁刚，《中国的朝鲜政策错了吗？》，《联合早报》,2016 年 4 月 21 日。

蒋铁刚，《中国"供给侧结构性改革"的毛病》，《联合早报》,2016 年 5 月 3 日。

蒋铁刚，《朝鲜半岛该换领导了》，《联合早报》,2017 年 12 月 13 日。

蒋铁刚，《中美关系中的杞人之忧》，《联合早报》,2019

年 8 月 12 日。

蒋铁刚，《中美经贸谈判还用继续吗？》，《联合早报》,2019 年 8 月 24 日。

蒋铁刚，《中美之间是冷战还是暗战》，《联合早报》，2020 年 7 月 23 日。

蒋铁刚，《日中两国对拜登政府认识的不同》，《联合早报》，2021 年 1 月 11 日。

蒋铁刚，《直面中国的两大顽疾》，《联合早报》，2021 年 12 月 20 日。

蒋铁刚，《别了，美式民主》，《联合早报》，2021 年 12 月 31 日。

蒋铁刚，刘军宁，《从政治体制改革到政治体制突破》，中国改革杂志社出版黎鸣主编《中国的危机》。

蒋铁刚，荣敬本，《村民自治——民主的蝴蝶在飞》，刘智峰主编《中国政治体制改革委托报告》,1999 年 6 月第 1 版。

蒋铁刚，《康晓光：中国的道路》，《领导者》,2006 年 10 月期。

野夫，《乡痛——一位农家子弟的忏悔书》《一位农民工的"黄金周"》，十年砍柴编纂《乡痛，在城市的深处》,2006 年版。

蒋铁刚，《后邓小平道路：以政治改革重塑执政合法性》，《中国与世界观察》,2014 年第 1 期。

《中国改革廿五年断想》，发表详情不明。

www.ingramcontent.com/pod-product-compliance
Lightning Source LLC
Chambersburg PA
CBHW070058030426
42335CB00016B/1932